Wayne A. Mack
Raus aus dem Dunkel

W0088257

Wayne A. Mack

Raus
aus dem Dunkel

Schwermut und Depression überwinden

ISBN 978-3-932308-94-9
CMV-Bestellnummer: 30894
Autor: Wayne A. Mack

1. Auflage 2013
© 2013 Christlicher Missions-Verlag e.V., 33729 Bielefeld

Übersetzung, Grafik und Satz: CMV
Printed in Germany

Inhaltsverzeichnis

Vorwort

Eine Glaubensschwester bekam mit, dass ich ein Buch über Depression im Lichte der Bibel schreibe. Daraufhin schrieb sie mir eine kurze Nachricht um mich bei diesem Vorhaben zu ermutigen. Sie meinte, ein solches Buch wäre wirklich nötig und wichtig. „Die Hälfte meiner Bekannten nehmen Antidepressiva ein", ließ sie mich wissen. „Ich bin wahrscheinlich die glücklichste Frau in meinem Bekanntenkreis!"

Natürlich war ich mir der Wichtigkeit dieser Thematik bewusst – allein schon aus der Erfahrung in der Seelsorge. Seit mehr als 30 Jahren stehe ich im Dienst als Seelsorger und durfte Menschen mit Depressionen mindestens genauso häufig helfen wie denen mit anderen Problemen. Einige kamen zu mir in dem Bewusstsein, depressiv zu sein; andere waren depressiv, aber bezeichneten dies irgendwie anders. Zusätzlich zu meiner Erfahrung als Seelsorger haben mich meine eigenen Nachforschungen darin bestärkt, dieses Buch zu schreiben. Während meiner Vorbereitungen auf Seminare, in denen ich über die Seelsorge an niedergeschlagenen Menschen spreche, bemerkte ich, dass es sehr viele Bücher von weltlichen Autoren zu diesem Thema gibt und dass in so manchen davon Bibelverse und Beispiele aus der Bibel behandelt werden, aber recht oberflächlich. Doch ein Buch, in dem eine fundierte biblische Betrachtung dargelegt wird, war nicht zu finden. So bin ich zu der Überzeugung gekommen, dass ein Buch, in dem die biblische Sichtweise zum Thema Depression klar erläutert wird, ein wertvolles Werk für Seelsorger und Betroffene sein würde.

Ich erhebe nicht den Anspruch, alles dargelegt zu haben, was die Bibel zu diesem Thema sagt. Gottes Wort ist so unerschöpflich tief und weit, dass es einem Menschen einfach unmöglich ist, vollkommen zu ergründen, was die Bibel über ein Thema zu sagen hat (vgl. Psalm 119,96). Und doch glaube ich, dass mein Verständnis bezüglich dessen, was die Schrift über Depression oder Niedergeschlagenheit sagt, zutreffend ist. Was ich aus der Bibel weiß, dessen bin ich sicher; aber wegen der Tiefe und Weite der Schrift weiß ich auch,

dass ich nie auslerne. Daher, weil ich keinen Anspruch auf Vollstän-
digkeit erhebe, ist es mein Wünschen und Hoffen, dass dieses Buch
über Depression und Einsamkeit (ihre häufige Begleiterscheinung)
die biblische Wahrheit wiedergibt und Ihnen hilft, dieses „Dunkel"
zu vermeiden oder aus ihm herauszukommen.

Ziel dieses Buches ist, sowohl das Wesen und die Ursachen
der Depression und Einsamkeit, als auch die Lösungen für diese
Probleme aus biblischer Sicht zu beleuchten. Ich habe mich dieser
Aufgabe gestellt in der Überzeugung, dass ein allwissender Gott uns
in seinem Wort alles Notwendige zum Leben und zur Gottseligkeit
gegeben hat – und dass „alles Notwendige" auch alles beinhaltet,
was wir benötigen, um mit Niedergeschlagenheit und Einsamkeit
zurecht zu kommen.

Im ersten Teil des Buches versuche ich, die Depression aus biblischer Sicht zu definieren und zu beschreiben. Im zweiten Teil
beschäftige ich mich mit der Entwicklung und der Dynamik der
Depression. Im dritten Teil geht es dann um biblische Lösungen.
Der letzte Teil des Buches handelt insbesondere von der durch Einsamkeit hervorgerufenen Depression. Um die Ausführungen sehr
praktisch, nützlich und anwendbar zu machen, schließt jedes Kapitel
mit einem kleinen Studienteil. Manchmal sind es Fragen, um das
Gelesene gedanklich zu festigen. Manchmal sind es Denkanstöße
und Aufgaben, die Sie ermutigen sollen, das Gelesene nicht nur
trockene Theorie sein zu lassen, sondern es täglich im Alltag anzuwenden.

Zwei Besonderheiten dieses Buches finden sich in den Kapiteln
sieben und acht. Das siebte Kapitel heißt: „Fragen und Antworten".
Hier gebe ich Ratschläge zu Fragen, die mir über die Jahre immer
wieder gestellt wurden. Kapitel acht ist mit den Worten „Zusätzliche
Hinweise für Seelsorger" überschrieben. Hier versuche ich denen,
die sich darum bemühen, depressiven Menschen zu helfen, einige
nützliche Hinweise zu geben. Diese Vorschläge sind vor allem an
Seelsorger gerichtet, die häufig mit diesen Fragen in Berührung
kommen. Aber auch für Familienangehörige, Freunde und für die
niedergeschlagene Person selbst ist es hilfreich, das biblische Verständnis und die Lösungsansätze für diese Problematik zu erfahren.

Wenn Sie nun mit dem Lesen beginnen, rate ich Ihnen, dass Sie es zwei biblischen Vorbildern gleichtun. Machen Sie es wie die Juden aus Beröa (vgl. Apg. 17,11): Sie forschten täglich in der Schrift, ob Paulus auch wirklich biblisch korrekt lehrte. Bitte machen Sie es genauso mit den Dingen, die ich in diesem Buch geschrieben habe. Weiter: Handhaben Sie es so, wie Paulus es den Thessalonichern befahl (vgl. 1.Thess. 5,21): Bitte prüfen Sie alles, was ich schreibe ganz genau; vergleichen Sie alles mit der Heiligen Schrift und halten Sie sich fest an dem, was gut ist (an dem, was wirklich biblisch ist). Nehmen Sie es nicht einfach nur an, weil *ich* es geschrieben habe. Nehmen Sie die Ratschläge und Gedanken dieses Buches nur an, wenn es genau dem entspricht, was Gott in seinem Wort gesagt hat. Sie brauchen nicht noch mehr Theorien begrenzter und fehlerhafter Menschen. Sie brauchen die Weisheit Gottes, der alle Dinge kennt – die Depression eingeschlossen – und diese Weisheit finden Sie in der Schrift. Und im gleichen Maße, wie meine Betrachtungen die Lehre der Bibel akkurat wiedergeben, werden Sie darin göttliche Weisheit vorfinden.

Ich danke Gott für das Vorrecht, in seinem Wort forschen und an seinem Wort dienen zu dürfen, und ich danke Ihnen, dass Sie mir die Möglichkeit geben, mich auf diesem Wege mit Ihnen über einige wichtige Vorgehensweisen zu unterhalten, die ich in Gottes Wort gelernt habe. Ich danke auch Janet Dudek, die mich beim Schreiben und Formulieren dieses Buches unterstützt hat. Ohne ihr Können und ihre treue Arbeit hätte das Buch noch sehr lange gebraucht, bis es das Licht der Welt erblickt hätte.

Mein Wunsch ist, dass unser großer, allweiser und liebender Gott Ihnen das Lesen und Durcharbeiten dieses Buches zu einer gewinn- und fruchtbringenden Erfahrung macht, sowohl in Ihrem persönlichen Leben als auch in Ihrem Dienst an anderen.

Dr. Wayne Mack

Kapitel 1
Wie äußert sich die Depression im Leben?
Erklärung und Beschreibung des Problems

Aus Besorgnis um seine niedergeschlagene, depressive Frau machte ein Mann einen Termin bei einem Psychiater. Als sie das Behandlungszimmer betraten, fing der Doktor an, der Frau einige Fragen zu stellen. Im Laufe des Gesprächs stand der Doktor auf und setzte sich neben sie. Die Frau wirkte zwar überrascht, aber nicht unzufrieden. Als sie weitersprach, legte der Arzt den Arm um ihre Schulter und lächelte sie an. Sie lächelte zurück. Einen Augenblick später umarmte er sie, beugte sich vor und gab ihr einen Kuss auf die Wange. Darauf strahlte die Frau.

Dann stand der Psychiater auf, ging zu seinem Stuhl zurück und sagte zum Ehemann: „Haben Sie bemerkt, wie sich die Stimmung Ihrer Frau änderte, als ich mich neben sie setzte, sie anlächelte, sie umarmte und ihr einen Kuss auf die Wange gab?" „Sicher!", antwortete der Mann. „Nun," fuhr der Psychiater fort, „das ist die Art der Behandlung, die ihre Frau braucht – und das mindestens drei Mal in der Woche!" „In Ordnung", stimmte der Mann zu, „wenn Sie meinen, dass meine Frau das braucht, werde ich sie jeden Dienstag und Donnerstag zu Ihnen bringen. Aber samstags geht es nicht, weil ich da immer Golf spielen gehe!"

Diese Geschichte mag wohl erfunden sein, nicht aber das Problem der Frau. Niedergeschlagenheit ist ein verbreitetes und sehr ernst zu nehmendes Problem. Sicher kann das Problem der Frau nicht dadurch gelöst werden, dass ihr jemand dreimal in der Woche ein wenig Aufmerksamkeit schenkt, auch wenn es ihr nicht schaden würde. Aber so scherzhaft diese Geschichte auch klingen mag, ist doch das Problem selbst alles andere als lustig. Es verwüstet und lähmt das

Leben der Betroffenen, zerstört Ehen und andere Beziehungen und schädigt das Glaubensleben, sofern die Betroffenen Christen sind. Dieses Thema darf nicht auf die leichte Schulter genommen werden.

Die allgemeine Verbreitung der Depression

Ich hörte gewisse „Spezialisten für mentale Gesundheit" sagen, Depression sei eine Art „seelische Erkältung". Mit anderen Worten: Die Depression ist eine allgemein verbreitete, menschliche Erfahrung, die nahezu jeder Einzelne – ganz gleich aus welchen Hintergründen und Umständen – in unterschiedlichem Grad während des Lebens durchmachen wird. Sie berufen sich dabei auf Umfragen, die besagen, dass 7 bis 15 Prozent aller Bürger an Depressionen leiden oder gelitten haben. Andere Erhebungen zeigen ein weitaus höheres Vorkommen.

Ganz gleich wie hoch der Maximalwert auch sein mag, selbst die niedrigere Häufigkeit – falls die Zahlen denn richtig sind — stellt ein beachtliches Problem dar! Nach meiner Erfahrung ist das Problem der Depression ein allgemeiner gesellschaftlicher Missstand, der die Menschen ungeachtet ihrer Rasse, ihrer wirtschaftlichen Stellung, ihres Geschlechts, Alters und ihrer Schulbildung beschäftigt. Ich habe kleine Kinder beraten, die depressiv waren; eines von ihnen war sechs Jahre alt und erwog, Selbstmord zu begehen. Ich habe mit niedergeschlagenen Teenagern gearbeitet, die in vielen Bereichen ihres Lebens versagt hatten, während Gleichaltrige Erfolg in der Schule hatten, Leitungsaufgaben übertragen bekamen, weitaus attraktiver und talentierter waren und allem Anschein nach viel mehr Möglichkeiten hatten.

Obwohl ich die Meinung der „Experten" zum Thema Depression kaum teile, stimme ich doch ihrer Aussage zu, dass Depressionen sehr verbreitet sind. Beim Schreiben dieses Buches bin ich fest davon überzeugt, dass ich ein Problem angehe, das jeder Leser kennt oder mit dem er in irgendeiner Weise zu tun hat. Es fällt mir schwer zu glauben, dass es einen Menschen gibt, der Zeit seines Lebens von der Gefahr, depressiv zu werden, verschont bleibt. Und diejenigen, die zur Zeit kein Problem damit haben, kennen vermutlich jemanden, der mit der Niedergeschlagenheit zu kämpfen hat.

Im Jahr 1968 geriet ich persönlich in eine Phase tiefer Niedergeschlagenheit. Durch Gottes Gnade kam ich mit Hilfe biblischer Ratschläge über diese Niedergeschlagenheit hinweg. Daher vermittle ich die Wahrheiten dieses Buches auf der einen Seite aus persönlichen, auf der anderen aus seelsorgerlichen Gründen heraus. Ich bin überzeugt, dass die Bibel diese Wahrheiten lehrt. Ich habe ihr Wirken im Leben von Leuten gesehen, die mit ihrer Niedergeschlagenheit kämpften – und Gott hat eben diese Wahrheiten benutzt, um mir in meinem eigenen Leben zu helfen, die Niedergeschlagenheit zu überwinden.

Da Niedergeschlagenheit ein so verbreitetes Problem darstellt, ist es umso wichtiger, dass *alle* Kinder Gottes wissen, wie sie damit in der von Gott vorgesehenen Art und Weise umgehen sollen. Sei es für den eigenen Nutzen oder um anderen helfen zu können – entscheidend ist, dass wir *Gottes Lösung* des Problems verstehen. Mit diesem Ziel wollen wir unsere Betrachtung beginnen, indem wir uns anschauen, was Gottes Sichtweise (wie sie uns in der Bibel gezeigt wird) in Bezug auf Niedergeschlagenheit und ihre Entwicklung ist. In den nachfolgenden Kapiteln wollen wir dann lernen, das Problem auf biblischem Weg aus der Welt zu schaffen.

Eine notwendige Klarstellung

Bevor wir fortfahren, möchte ich die Tatsache klar stellen, dass in diesem Buch *nicht* die Art der Depression behandelt wird, welche aus einer körperlichen Fehlfunktion oder Krankheit hervorgerufen wurde. In einzelnen Fällen können Gefühle der Niedergeschlagenheit die Nebenwirkungen einer Krankheit oder Phobie sein. Das Nachschlagewerk *The Christian Counselor's Medical Desk Reference*[1] nennt viele Krankheiten, die solche Niedergeschlagenheit hervorrufen können: Alzheimer bzw. Demenz, Parkinson, Krebs und bösartige Tumore sind nur einige davon. In diesen Fällen ist es nach Dr. Robert Smith und anderen christlichen Ärzten nicht angebracht, diesen Zustand als „Depression" zu bezeichnen. Stattdessen sollte dieser Zustand im Zusammenhang mit der Krankheit betrachtet werden, an der die Person leidet. Sind Hinweise vorhanden, dass

---

1   *The Christian Counselor's Medical Desk Reference*, Timeless Texts

körperliche Ursachen den Trübsinn hervorrufen, dann muss eine gründliche und sachgemäße Untersuchung des Körpers durch einen Arzt vorgenommen werden.

In Fällen, wo medizinische Untersuchungen das Vorhandensein gewisser körperlicher Beschwerden bestätigen, wird die Behandlung mit Medikamenten einen durchaus großen Beitrag zur Lösung des Problems von Schwermut und Depressions-Symptomen leisten. Experten bestätigen mir, dass bei weniger als 20% der Fälle, in denen Menschen an Schwermut leiden, eine medizinische Ursache dafür vorliegt. (Über die körperlichen Aspekte der Depression kann weitaus mehr in Dr. Robert Smiths Werk *The Christian Counselor's Medical Desk Reference*, erschienen bei *Timeless Texts*, nachgelesen werden. Etwas später werden wir auch in diesem Buch einige kurze Hinweise geben, die helfen können, Probleme zu beheben, sofern der Körper die Ursache für bestimmte Arten von depressiven Empfindungen ist.)

Noch ein weiterer Hinweis: Wir werden uns *nicht* mit der Art von Depression beschäftigen, die dadurch entsteht, dass eingenommene Substanzen (seien es erlaubte Medikamente oder illegale Drogen) auf das Gehirn wirken. Noch einmal gilt zu beachten: In einigen Fällen können Depressionen die Folge von körperlichen Veränderungen oder durch die Einnahme bestimmter Medikamente hervorgerufen sein. Bei unserer Betrachtung ist es aber wichtig zu beachten, dass wir uns *nicht* direkt irgendeiner Art von Depression zuwenden, die körperlich oder biologisch herbeigeführt worden ist. Obwohl die aufgezeigten Tatsachen auch in diesen Fällen manchmal angewendet werden können, so geht es uns dennoch nicht vordergründig um diese Art von Depression und Niedergeschlagenheit.

Depression – ein Sammelbegriff?

Das Wort „Depression" findet tatsächlich ein breites Anwendungsspektrum, um eine Vielzahl von emotionalen Erfahrungen zu beschreiben. So werden Traurigkeiten, Sorgen, Wehmut, Enttäuschungen, Entmutigungen, Demütigungen, Trübsinn, Schwermut, Ernüchterung, Zermürbung, Verzagtheit, Verzweiflung oder überhaupt „irgendetwas mich Bedrückendes" darunter verstanden.

Für unsere Zwecke werden wir die einzelnen als „Depression" bezeichneten Erfahrungen in drei Kategorien einteilen, die da wären: *milde*, *mäßige* und *massive* Depressionen.

Kategorie 1
Milde Depression: Eine unausweichliche Reaktion

Jeder Mensch erlebt dann und wann irgendeine Art von Traurigkeit. Einige meinen, sie seien „depressiv", wenn sie entmutigt, enttäuscht oder über etwas traurig sind. Mit anderen Worten: Sie fühlen sich nicht ganz so gut und fröhlich wie sonst und empfinden, dass irgendetwas nicht stimmt.

Jeder Mensch erlebt von Zeit zu Zeit Enttäuschungen und Entmutigungen. Einer meiner Freunde, ein Pastor, erzählte mir, dass er Woche für Woche durch diese Phase geht. Er erklärte, dass der Sonntag für ihn der Höhepunkt der Woche sei. Der Sonntag ist die Frucht seiner Arbeit, die er die ganze Woche über vorbereitet hat; sonntags hat er Gemeinschaft mit den Kindern Gottes und leitet sie im Gottesdienst und in der Anbetung; und sonntags hat er das hohe und heilige Vorrecht, das Wort Gottes zu predigen. Dieser eine Tag verlangt ihm jede Woche viel von seiner körperlichen, seelischen und geistlichen Kraft ab.

Wenn nun der Sonntag ein so großartiger Tag ist, kann man schon erwarten, dass der Montag – als der auf den Sonntag folgende Tag – von Natur aus eine gewisse Enttäuschung mit sich bringt. Mein Freund erklärte mir, dass er aus diesem Grund aufgehört hatte, sich diesen Tag freizunehmen, weil er sich gerade am Montag immer ein wenig bedrückt fühlte. Statt den Montag mit Trübsal blasen zu verbringen, arbeitet er den ganzen Tag durch, um irgendwann später in der Woche einen freien Tag zu haben, nachdem seine kurzzeitige Niedergeschlagenheit verflogen ist. Er nahm eine Situation in seinem Leben wahr, die ihn in seiner Stimmung schädigen konnte und unternahm konkrete Schritte, um diese Situation zu umgehen.

Was mein Freund da jeden Montag durchmachte, war eine Art von Niedergeschlagenheit oder eine *milde Depression*. Diese Art der Depression sollten wir besser als „Entmutigung" oder „Enttäuschung" bezeichnen. Es ist eine sehr verbreitete Erfahrung, die je nach unserem täglichen Auf und Ab kommt und geht. Und die Bibel sagt uns, dass sogar unser Herr Jesus, der fehlerlos war, ein „Mann der Schmerzen und mit Leiden vertraut" war (Jes. 53,3).

Vor dem Hintergrund der Evangelien können wir sicher sein, dass auch der Herr Jesus als ein vollkommener Mensch Sorgen, Erschöpfung, Entmutigung und Enttäuschung erlebte – genauso wie wir. Er wurde, wie die Heilige Schrift zeigt, „in allem versucht in gleicher Weise wie wir" (Hebr. 4,15; 2,17-18). Doch obwohl er über die Auswirkungen der Sünde im Leben anderer und in der Welt sehr bekümmert war, ließ er es nicht zu, dass seine Gefühle und Empfindungen ihn überwältigten. Christus wurde seiner Verantwortung immer gerecht, was auch immer er selbst erlitt: „... weil ich allezeit das *ihm* Wohlgefällige tue." (Joh. 8,29)

Ein gutes Beispiel dafür ist sein Verhalten, das auf den Tod von Johannes dem Täufer folgte. In Matthäus 14 wird Johannes von Herodes enthauptet. Nachdem Johannes beerdigt war, überbrachten seine Jünger dem Herrn die traurige Nachricht. „Als aber Jesus es hörte, *zog er sich in einem Schiff von dort zurück an einen öden Ort für sich allein.* Und als die Volksmengen es hörten, folgten sie ihm zu Fuß aus den Städten." (Mt. 14,13) In dieser schwierigen Situation wollte der Herr einige Augenblicke allein verbringen, aber das wurde durch die nachfolgende Volksmenge verhindert. „Und als er ausstieg, sah er eine große Volksmenge, und *er wurde innerlich bewegt über sie und heilte ihre Schwachen.*" (Mt. 14,14) Die Verantwortung für seinen Dienst an diesen Menschen bekam sofort den Vorrang vor dem Wunsch, einige Zeit allein zu sein.

In Johannes 6 finden wir ein anderes Beispiel dafür, wie Christus Enttäuschungen erlebte. Dieses Kapitel enthält eine starke Botschaft Jesu, von der nachher einige sagten, es wäre eine zu „harte Rede", um sie zu hören (Joh. 6,60). Die Hauptaussage der Predigt war, dass er das „Brot" sei, das vom Himmel gekommen ist. „Jesus sprach zu ihnen: Ich bin das Brot des Lebens; wer zu mir kommt, wird nicht hungern, und wer an mich glaubt, wird niemals dürsten." (Joh. 6,35)

Wenn seine Erklärung oberflächlich gesehen sehr einfach zu sein scheint, bemerkten seine Zuhörer doch offenbar, dass Christus mit diesen Worten erstaunliche Behauptungen über sich selbst machte.

Er bediente sich des Brotes als Veranschaulichung, weil damit alle sehr vertraut waren. Wenn wir verstehen, was seine Zuhörer über Brot wussten, dann können wir auch die Wirkung der Lehre Christi in dieser Situation nachvollziehen. James M. Boice stellte vier wichtige Behauptungen heraus, die mit Jesu Aussage einhergingen:

Erstens: *Brot ist lebensnotwendig*. Zur Zeit Jesu war Brot weitaus wichtiger als heute, da es das Grundnahrungsmittel schlechthin war. Kein Brot, kein Leben.

Zweitens: *Brot ist für alle da*. Anders gesagt: Brot ist etwas, das nahezu jeder Erdbewohner essen kann und es auch tut.

Drittens: *Brot muss täglich gegessen werden*. Es genügt nicht, einmal die Woche zu essen und dann zu erwarten, dass es uns die ganze Woche über satt hält.

Viertens: *Brot bewirkt Wachstum*. Ohne entsprechende Ernährung entwickelt sich der Körper nicht angemessen.

Wenn man bedenkt, dass alle Zuhörer Jesu diese Eigenschaften des Brotes kannten und verstanden, dann ist Christi Aussage, das „Brot des Lebens" zu sein, durchaus erstaunlich. Mit anderen Worten: Christus behauptet, die Quelle des Lebens zu sein. Und wenn man das ausweitet, schließt er mit ein, dass die, die ohne ihn leben, zwangsläufig sterben. Weiter behauptete er, dass er für alle da ist; dass er fähig ist, den Mangel eines jeden auszufüllen – ganz gleich ob arm oder reich, jung oder alt, Jude oder Heide.

Christus erhebt ferner den Anspruch, ein unentbehrlicher Teil ihres täglichen Lebens, eine notwendige Nahrungsquelle für das Wachstum zu sein. Das erfordert eine fortbestehende Beziehung zu ihm. Er lehrt, dass das Volk ohne das tägliche, genügende Maß seiner Selbst – des Wortes Gottes (Joh. 1,1) – geistlich verkümmern würde und unfähig zum Dienst sei. (Nach Boice, *Biblical Studies*, Johannes 6,28-37, S. 12 ff).

In dieser „einfachen" Erklärung Christi bemerkten viele seiner Zuhörer seinen Anspruch auf eine absolute Einzigartigkeit. Christus sagte aus, dass er nicht *irgendein* Brot wäre, sondern er ist *das* Brot *des Lebens*. Das war eine Behauptung, die mit Sicherheit schwer zu hören und anzunehmen war, und so entschieden sich einige der Zuhörer zu gehen – sie hatten genug gehört. „Von da an gingen viele von seinen Jüngern zurück und wandelten nicht mehr mit ihm." (Joh. 6,66)

Jesus wendet sich dann an die verbliebenen Jünger (die Zwölf) und fragt: „Wollt ihr etwa auch weggehen?" (6,67) Diese Frage Jesu beinhaltete zweierlei: Einerseits eine Herausforderung an die Jünger, die dageblieben waren; und andererseits einen Ausdruck seiner Sorge über diejenigen, die ihn verlassen hatten. Auch wenn es seinen Dienst nicht beeinflusst hat, musste Jesus doch sehr betroffen gewesen sein, als er zusehen musste, dass so viele seiner Nachfolger ihn nun verließen.

Im 11. Kapitel des Johannes-Evangeliums wird uns noch etwas überliefert, was für den Herrn Jesus Anlass zur Enttäuschung und zum Kummer war. Während er an einer anderen Stelle diente, wurde Jesus berichtet, dass sein Freund Lazarus – der aus Bethanien – schwer erkrankt sei. Jesus und seine Begleiter machten sich einige Tage später auf den Weg nach Bethanien, um Lazarus zu besuchen. Dabei war Lazarus schon verstorben. Als sie ankamen, empfing Martha Jesus mit den Worten: „Herr, wenn du hier gewesen wärest, so wäre mein Bruder nicht gestorben." (Joh. 11,21) Darauf antwortete Jesus ihr, dass ihr Bruder wieder lebendig werden würde, weil er selbst, Jesus, die Auferstehung und das Leben sei (Verse 23-25).

Nachdem Martha weggegangen war, traf Jesus auf Maria, die ihm sofort genau die gleichen Worte vorhielt wie gerade eben noch Martha. Aber als sie diese Worte aussprach, fiel sie anschließend zu Jesu Füßen nieder und weinte (Verse 32-33). Und dieses mal sah die Antwort Jesu anders aus. „Als nun Jesus sie weinen sah ... seufzte er tief im Geist und erschütterte sich." (Vers 33) Warum weinte Jesus gerade jetzt und nicht schon vorher? Lazarus' Tod war nicht der Grund dafür; Jesus wusste schon vorher, dass Lazarus tot war und dass er ihn aus dem Tod in das Leben zurückholen würde. Das hatte er den Jüngern bereits angekündigt, als sie sich auf den Weg nach Bethanien machten (Verse 6-15).

Nein, Jesus weinte, weil er „tief seufzte im Geist und sich erschütterte" wegen der tiefen Trauer Marias und der gesamten Trauerversammlung. Er konnte ihren Schmerz nachempfinden. Obwohl Jesus nie gesündigt hatte, brachte er seinen echten Kummer über Probleme und Nöte des Lebens zum Ausdruck. Und wir, die wir nicht sündlos sind, dürfen auch unsere Erfahrungen mit Entmutigung und Enttäuschung in einer sündigen Welt zum Ausdruck bringen. Christus war sich der Freude in Gott, dem Vater, immer in vollem Maße bewusst, aber seine Gefühle schwankten in gewissem Maße mit den äußerlichen, körperlichen Umständen – genauso wie es bei uns der Fall ist.

Eines Tages werden wir im Himmel ebenfalls wie Christus selbst zur Fülle der Freude gelangen: „Fülle von Freuden ist vor deinem Angesicht, Lieblichkeiten in deiner Rechten immerdar." (Ps. 16,11b) Manchmal bekommen wir – durch Gottes Gnade – schon hier auf der Erde einen Vorgeschmack davon. „Dies habe ich zu euch geredet, damit meine Freude in euch sei und *eure Freude völlig werde.*" (Joh. 15,11) Dennoch wird unserer Freude hier auf der Erde immer ein gewisser Kummer beigemischt sein, wie es uns die Erfahrungen des Paulus lehren. Nach der Beschreibung der ungeheuren Schwierigkeiten, denen er Zeit seines Dienstes ausgesetzt war, bezeichnet er sich und seine Mitarbeiter *„als Traurige, aber allezeit uns freuend"* (2.Kor. 6,4.10).

Ich kenne Christen, die behaupten, einem Gläubigen sei verboten, jemals niedergeschlagen oder traurig zu sein. „Christen", so die Erklärung, „sollten immerzu lächeln." Sie meinen, dass das die Lehre des Paulus an die Philipper war, als er sie anwies (Phil. 4,4): „Freut euch in dem Herrn allezeit!" Doch es scheint mir, dass gerade das *nicht* das ist, was Paulus sagen wollte. Denn die Schrift lehrt uns an vielen Stellen, dass Freude und Kummer durchaus gleichzeitig in unseren Herzen sein können.

In Prediger 3,4 zum Beispiel heißt es: „Weinen hat seine Zeit, und Lachen hat seine Zeit." Der Apostel Petrus sagt – nachdem er einige der Segnungen darlegt, die wir als Gläubige genießen können: „... worin ihr *frohlockt,* die ihr jetzt eine kurze Zeit, wenn es nötig ist, *betrübt seid durch mancherlei Versuchungen."* (1.Pe. 1,6) Seine Ausführung macht deutlich, dass es *notwendig* ist, durch mancherlei Versuchungen betrübt zu sein, auch wenn wir auf Grund der Segnungen in Christus frohlocken. Und der Apostel Paulus wiederum schrieb: „Wir wollen aber nicht, Brüder, dass ihr, was die

Entschlafenen betrifft, unwissend seid, *damit ihr nicht betrübt seid wie auch die Übrigen, die keine Hoffnung haben.*" (1.Th. 4,13)

Die Schrift enthüllt uns, dass Empfindungen von Traurigkeit, Trübsal und schwer zu ertragenden Ereignissen in unserem Leben nicht verwerflich sind, solange wir die Hoffnung nicht verlieren. Im ersten Brief an die Thessalonicher lehrt Paulus nicht, dass wir nicht traurig sein dürfen, wenn schwere Zeiten auf uns zukommen (wie der Tod eines lieben Menschen). Vielmehr sagt er, dass wir nicht traurig sein und *dabei keine Hoffnung haben* sollen. Mit anderen Worten: Wir dürfen nie die Hoffnung, die wir haben, aus den Augen verlieren, nämlich dass Jesus Christus wiederkommt und dass unsere Toten auferstehen werden. Das ist unsere Freude in Anbetracht von Sorgen und Kummer.

Kategorie 2
Mäßige Depression: Die falsche Reaktion

Dass man eine milde Depression – Sorgen, Bedrückung, Entmutigung oder Enttäuschung – dann und wann durchleben wird, damit muss jeder Gläubige rechnen. Doch die Art und Weise unserer Reaktion auf derartige Gemütszustände entscheidet über ihre Auswirkung und sie *sollte* der Unterschied zwischen uns und der ungläubigen Welt um uns herum sein. Grundsätzlich gibt es zwei Reaktionen auf eine milde Depression:

1. *Die falsche Reaktion:* Wir nehmen die Gemütszustände wahr und unterwerfen uns ihnen.

2. *Die richtige Reaktion:* Wir nehmen die Gemütszustände wahr, aber wir geben nicht klein bei.

Manche Menschen geraten in milde Depression, nehmen diese Gefühle der Niedergeschlagenheit ganz real wahr, aber sie weigern sich, sich von ihren Gefühlen beherrschen zu lassen. Im Gehorsam dem Wort Gottes gegenüber handeln sie nach Kolosser 3,2: „Sinnt auf das, was droben ist, nicht auf das, was auf der Erde ist;" und nach Philipper 4,8: „Im Übrigen, Brüder, alles, was wahr, alles, was würdig, alles, was gerecht, alles, was rein, alles, was lieblich ist, alles, was wohl lautet, wenn es irgendeine Tugend und wenn es irgendein Lob gibt, dies erwägt." Und im Zuge dieser Gedanken bemerken sie, dass das Licht des Wortes Gottes alle dunklen Wolken der Schwermütigkeit aus ihrem Herzen vertreibt.

Andere hingegen schenken ihren Gefühlen zu viel Aufmerksamkeit und konzentrieren sich mehr auf diese als auf Gott. Die Konzentration *auf Gott* schmälert die Intensität der schmerzlichen Erfahrungen, wobei die Konzentration *auf die Gefühle* genau das Gegenteil bewirkt. Der Trübsinn wird durch die ihm geschenkte Aufmerksamkeit nur gefördert und fängt dann an, unser Tun und Wollen zu bestimmen. Menschen, die diesen Gefühlszuständen klein beigeben, werden von ihren Emotionen beherrscht, vernachlässigen ihre geistliche Verantwortung, verlieren die Hoffnung und bemerken, dass die geistlichen Dinge sie immer weniger zufrieden stellen.

Wenn ihr Augenmerk dann auf den erlebten Umständen verbleibt und das Gefühlsleben sich aus diesen Umständen heraus entwickelt, dann äußert sich das oft dadurch, dass diese Menschen schnell weinen, leicht verärgert werden können, längere Traurigkeitsphasen durchleben und Probleme haben, sich im normalen Alltag zurechtzufinden. Ihr Denken ist mehr auf die negativen Dinge ihres Lebens – meist irdischer Natur – fixiert als auf himmlische Dinge: Gottes Verheißungen, seine Ziele und seine Kraft. Was als milde Depression begann, wächst zur *mäßigen Depression* heran.

Biblische Beispiele für mäßige Depressionen

Bevor wir uns einige biblische Beispiele anschauen, ist es für mich wichtig zu erklären, wie und wozu ich die einzelnen Beispiele aus der Schrift gebrauche. Ich werde einige Ereignisse und Personen der Bibel heranziehen, um mäßige Depressionen zu *veranschaulichen*. Dabei will ich nicht so verstanden werden, als würde ich behaupten, diese Berichte wären in erster Linie mit dem Ziel in die Bibel aufgenommen worden, damit wir daraus lernen, mit Depressionen umzugehen. Der eigentliche Zweck, den Gott mit diesen Ereignissen und Berichten verfolgte, ist in den meisten Fällen ein völlig anderer.

Asaph

Als erstes Beispiel führe ich Asaph, den Verfasser des 73. Psalms, an. In diesem Psalm beschreibt Asaph, wie es ihm in seinem Leben ergangen ist.

> „Ich aber – wenig fehlte,
> so wären meine Füße abgewichen,
> um nichts wären meine Schritte ausgeglitten.
> Denn ich beneidete die Übermütigen,
> als ich das Wohlergehen der Gottlosen sah." (V. 2-3)

> „Gewiss, vergebens habe ich mein Herz gereinigt
> und meine Hände in Unschuld gewaschen,
> da ich ja geplagt wurde den ganzen Tag
> und jeden Morgen meine Züchtigung da war." (V. 13-14)

> „Als mein Herz sich erbitterte
> und es mich in meinen Nieren stach,
> da war ich dumm und wusste nichts;
> ein Tier war ich bei dir." (V. 21-22)

Mit diesen Worten lässt Asaph uns miterleben, dass er kurz davor war, den Glauben über Bord zu werfen. Er gibt zu, dass er auf andere neidisch war, sich entmutigt, verärgert, bekümmert und ratlos fühlte, voller Selbstmitleid war und sich überhaupt vollkommen elend fühlte. Sein ganzes Denken, Fühlen und Handeln war falsch und seine Ausführung lässt erahnen, dass diese Phase eine Zeit lang andauerte. Es wird deutlich, dass Asaph nicht eine einfache Art von Trübsinn oder eine milde Depression durchlebte; nein, diese Erfahrung war viel zu intensiv und anscheinend auch von längerer Dauer.

Dennoch war seine Depression nicht von der härtesten Sorte, da im weiteren Verlauf des Psalms ganz offensichtlich deutlich wird, dass er nie ganz aufgegeben hat. Er schreibt, dass *„wenig fehlte,* so wären seine Füße abgewichen" und dass seine Schritte *„um nichts ... ausglitten".* Er war bekümmert, bestürzt und nahe dran, seine

Selbstbeherrschung zu verlieren, aber er war nie gänzlich zerstört, völlig desillusioniert oder gar ausgebrannt durch seine gedämpfte Stimmungslage. In Vers 15 macht er uns klar, dass er bei alledem immer noch eine gewisse Kontrolle über sich selber hatte, und das half ihm, sich an bestimmte wichtige Dinge (mehr dazu später), Gott betreffend, zu erinnern, die Licht in seine dunkle Stunde scheinen ließen.

Jeremia

Der große Prophet Jeremia durchlebte ebenfalls mäßige Depressionen – zumindest in der Zeit seines Verkündigungsdienstes. In den Klageliedern benutzt er eine bildhafte Umschreibung seines Gefühlslebens. Er schreibt, wie er sich in schwarzer Dunkelheit befindet, zerbrochen ist, Bitterkeiten und Mühsal erlebt, sich gefesselt fühlt, eingeschlossen und in eine Falle gelockt, gesättigt mit Bitterkeiten, keinen Frieden in sich hat, müde und ohne Lebenskraft ist, weinend und niedergebeugt (Klagelieder 3,1-20).

Auch das war mit Sicherheit keine milde Depression. Jeremia durchlebte ernste emotionale Kämpfe und tiefe Dunkelheit, und doch entwickelte sich seine Niedergeschlagenheit nie zu einer massiven Depression, da er immer noch Hoffnung hatte. Ihm war es immer noch möglich, seine Gedanken der Größe Gottes und seinen Verheißungen gegenüberzustellen. Natürlich, seine Gedanken schwanken im Laufe des Kapitels (Klagelieder 3) und pendeln zwischen entmutigenden und ermutigenden Dingen hin und her. Und obwohl er am Boden liegt und eine Zeit lang kaputt ist – sowohl körperlich als auch gefühlsmäßig – und dem Herrn durchaus nicht so freudig dient, wie er könnte oder sollte, steht es nicht so schlimm um ihn, dass er vollends aufgeben wollte (vgl. Klagelieder 3,21-66).

Dichter von Psalm 42 und 43

„Was beugst du dich nieder, meine Seele, und bist unruhig in mir?" Der Verfasser dieser beiden Psalmen stellte diese Frage drei mal. Er behandelt diese Frage anhand einiger Merkmale vor dem Hintergrund seines depressiven Zustands.

„Meine Tränen sind mir zur Speise geworden Tag und
Nacht,
da man den ganzen Tag zu mir sagt: „Wo ist dein Gott?"
Mein Gott, es beugt sich nieder in mir meine Seele ...
Warum gehe ich trauernd umher wegen der Bedrückung
des Feindes?" (Psalm 42,4.7.10b)

Es scheint, dass der Dichter darüber klagt, dass ihm das
Bewusstsein der Gegenwart Gottes in seinem eigenen Leben
verloren gegangen ist. „Meine Seele dürstet nach Gott, nach dem
lebendigen Gott: Wann werde ich kommen und erscheinen vor
Gottes Angesicht?" (Psalm 42,3) Er scheint verzweifelt zu sein wegen
des Gespötts und der Unterdrückung durch die Feinde (42,10-11)
und wegen seines Unvermögens, das Volk Gottes zum Lobpreis
anzuleiten, wie er es sonst getan hatte (42,5). Die Stetigkeit und der
Ernst der Prüfungen, in denen er sich befand, waren fast zu heftig
für ihn, als dass er sie tragen könnte. „Tiefe ruft der Tiefe beim
Brausen deiner Wassergüsse; alle deine Wogen und deine Wellen
sind über mich hingegangen." (42,8)

Ein weiteres Mal sehen wir, dass dieser Mensch nicht völlig
niedergeschlagen ist, trotz der überaus misslichen Lage, in der er
sich gerade befindet. Ohne Frage – er hat sehr mit seiner mäßigen
Depression zu kämpfen, aber er gibt nicht vollends auf. Er hat immer
noch den Glauben und die Hoffnung auf Gott, wenn er schreibt:
„Harre auf Gott, denn ich werde ihn noch preisen, der die Rettung
meines Angesichts und mein Gott ist." (42,12) In Gottes Wort findet
er bis zuletzt Hilfe und er rechnet damit, dass Gott ihn vielleicht
doch noch befreien wird: „Sende dein Licht und deine Wahrheit; sie
sollen mich leiten, mich bringen zu deinem heiligen Berg." (Psalm
43,3)

Zusammenfassung

Bis jetzt haben wir die Eigenschaften von milden und mäßigen
Depressionen näher betrachtet und einige entsprechende biblische
Beispiele zur Veranschaulichung herangezogen. Im folgenden Kapitel
wollen wir uns nun ein genaues Bild von der Beschaffenheit massiver

Depressionen machen und einige Personen der Bibel diesbezüglich untersuchen. Wie auch bei allen anderen Problemen gilt auch in Bezug auf Depression, dass der erste Schritt zur Lösung des Problems darin besteht, es zu erkennen. Wir wollen das Problem so genau wie nur möglich beschreiben, denn eine sorgfältige Diagnose ist der erste Schritt zu einer erfolgreichen Behandlung. Und um das bis jetzt Betrachtete so brauchbar wie möglich zu machen, ermutige ich Sie, sich etwas Zeit zu nehmen und sich mit folgenden Fragen zur Diskussion und Anwendung auseinanderzusetzen:

Fragen zur Diskussion und Anwendung:

1. Wie verbreitet ist die Problematik der Depression in der Gesellschaft?
2. In welche drei Kategorien kann man Depressionen einteilen?
3. Warum wird „Depression" als ein „Sammelbegriff" beschrieben?
4. Welche biblischen Beispiele wurden für die erste Kategorie genannt?
5. Zählen Sie einige Symptome für diese Art der Depression auf!
6. Welche Gründe wurden dafür angeführt, dass es nicht sündig oder falsch ist, wenn ein Christ Sorgen und Niedergeschlagenheit durchlebt?
7. Welche biblischen Beispiele wurden für die zweite Kategorie genannt?
8. Zählen Sie einige Symptome für diese Art der Depression auf!

Kapitel 2
Was sind die Merkmale einer
echten Depression?

Depression ist seit jeher ein ernstes Problem der Menschheit gewesen. Wo milde Depressionen vielleicht ein paar Stunden oder auch Tage andauern, greifen mäßige Depressionen stärker ins Leben hinein und dauern gewöhnlich sehr viel länger an. Im vorigen Kapitel haben wir die Depressionen von Asaph, Jeremia und einem Psalmisten angeschaut. Diese zeichneten sich durch ihre heftigen und Besorgnis erregenden Gefühlswallungen aus. Aber in allen Fällen hatten die Betroffenen die Hoffnung nie ganz aufgegeben (im fünften Kapitel werden wir das deutlicher erkennen). Sie waren immer noch in der Lage, ihre Gedanken und Gefühle auf Gott abzuwälzen. Auf diese Art und Weise vermieden sie es, in völlige Verzweiflung zu geraten. Anders gesagt: Sie begegneten ihrer mäßigen Depression angemessen, bevor sie zu einer *massiven Depression* heranwachsen konnte.

Kategorie 3
Massive Depression

Es gibt eine weitere Art von Niedergeschlagenheit, die weitaus tiefer und noch ernsthafter ist als die mäßige Depression Asaphs, Jeremias und des Psalmisten. Massive Depressionen unterscheiden sich von den mäßigen durch die andauernde und totale Hoffnungslosigkeit. Ein mäßig niedergeschlagener Mensch ist natürlich auch kaputt. Aber eine massiv niedergeschlagene Person ist kaputt und *völlig am Boden zerstört*. Es erscheint ihr nicht nur *schwer*, das Leben zu leben; es ist für diesen Menschen *unmöglich*, das Leben so weiter zu leben.

Für die weitere Betrachtung müssen wir zunächst klar stellen, was wir unter einer massiven Depression verstehen: Es ist eine ständig andauernde Schwermütigkeit und innere Dunkelheit, die jeden Lebensbereich des Betroffenen beeinflusst, kontrolliert und bestimmt.

Ein biblisches Beispiel einer massiven Depression

In Joh. 16,6 beschreibt Jesus die Erfahrung einer massiven Depression, wenn er seinen Jüngern erklärt: „Doch weil ich dies zu euch geredet habe, *hat Traurigkeit euer Herz erfüllt.*" Das Wort „erfüllt" zeigt an, dass es *keinen Platz für irgendetwas anderes* gab, so als ob eine Tasse bis zur Oberkante voll Wasser ist. Ist also ein Mensch massiv depressiv, dann erfüllt dieser Gemütszustand jeden Winkel und jede Situation des Lebens.

Genau dieser Gemütszustand überfiel die Jünger nach dem Tod ihres Meisters. Sie waren drauf und dran sich selbst und alles andere aufzugeben. Sie saßen im Obergeschoss hinter verschlossenen Türen, unschlüssig, was nun zu tun sei. Traurigkeit hatte tatsächlich ihr „Herz erfüllt" und bewirkte, dass die Jünger all ihrer Verantwortung entsagten und den Rest der Welt eine gewisse Zeit aussperrten. Sie fielen in eine schwere Depression, weil sie der Furcht und Enttäuschung klein beigaben und sich besiegen ließen – sie wurden durch ihre Gefühle beherrscht.

David in Psalm 32

Davids Worte in Psalm 32 sind eine gute Illustration dafür, was mit einer massiv deprimierten Person passiert, denn sie beschreiben die große emotionale und körperliche Notlage, die er in jener Zeit durchlebte. Die Verse 3 und 4 beschreiben seine elende Lage: „Als ich es verschwieg, da verfielen meine Gebeine durch mein Gestöhn den ganzen Tag. Denn deine Hand lag schwer auf mir Tag und Nacht, sodass mein Saft vertrocknete, wie es im Sommer dürr wird."

Achten wir darauf, wie David sich selbst beschrieb. Er sagte, dass seine „Gebeine verfielen". Vielleicht hat er nicht mehr gegessen, da Appetitlosigkeit bei vielen eine Nebenerscheinung der schweren Depression ist. Als Folge davon verlieren die Betroffenen einen erheblichen Teil ihres Gewichts. Ferner leidet ihr körperlicher

Allgemeinzustand aufgrund der Unterdrückung des Immunsystems, was häufig von emotionalem Kummer begleitet wird.

David berichtet weiter: „... durch mein Gestöhn den ganzen Tag." Wenn auch niemand sich so fühlt, dass er den ganzen Tag Luftsprünge machen könnte, so ist die Schwermütigkeit, die David hier aufzeigt, weit mehr und viel ernster als die Höhen und Tiefen unseres Gefühlslebens während eines Tages oder einer Woche. Die meisten Menschen können auch an einem „schlechten Tag" ihrem normalen Tagesgeschäft nachkommen und merken für gewöhnlich nach einer gewissen Zeit, dass, ganz gleich mit welchem Trübsinn der Tag oder die Woche begonnen hat, dieser sich nach und nach verliert.

Eine schwer depressive Person jedoch wacht morgens schon niedergeschlagen auf und es ist unklar, ob sie überhaupt fähig ist, das Bett zu verlassen, oder sich anzuziehen oder überhaupt zu frühstücken. Die vermeintlich kleinen und einfachen Dinge des Alltags stellen für sie eine unlösbare Aufgabe dar, welche ihnen (ihrer Meinung nach) mehr Kraft abverlangt, als sie je haben oder aufbringen können. Das Einzige, was sie meinen tun zu können, ist in ihrer elenden Lage zu bleiben. Diese körperliche Lähmung ist Tag für Tag da und bekräftigt in ihnen das Gefühl, für sich und andere unbrauchbar zu sein.

Dann fährt er fort: „... mein Saft vertrocknete, wie es im Sommer dürr wird." Jeder, der schon mal mehrere Stunden in starker Hitze hart gearbeitet hat, weiß, wie es sich anfühlt, wenn die eigene Kraft durch diese Hitze „vertrocknet". Mein Vater war Landwirt und so musste ich auch oft in der Sommerhitze arbeiten. Wir benutzten altmodische Gerätschaften, um den Weizen zu schneiden, zusammenzubinden und danach zu Garben zusammenzustecken. Später wurden die Garben dann zum Dreschen in die Scheune transportiert. Gedroschen wurde immer im Hochsommer – das bedeutete dauernd in einer Wolke von Staub zu stehen, von dem der Großteil meinte, sich an den Schweiß unserer Körper anschmiegen zu müssen. Zum Ende des Tages hin waren wir völlig erschöpft, staubverschmiert, aufgeheizt, müde und hungrig.

Auch eine schwer depressive Person erlebt diese Art der Erschöpfung – eine Erschöpfung wie nach einem kräftezehrenden Arbeitstag. Er oder sie „fährt" buchstäblich „mit leerem Tank" und gerade das ist der Grund dafür, dass die vermeintlich leichteste Aufgabe unlösbar erscheint. Wenn jemand sich selbst so einschätzt, dass er sich nicht einmal mehr ankleiden oder etwas essen kann, dann erscheint es dem Betroffenen völlig unmöglich zu sein, die Bibel zu lesen und im Gebet vor dem Herrn zu stehen. Ganz zu schweigen vom Gang zum Gottesdienst. Das Gewicht der seelischen Last wiegt so schwer auf dieser Person, dass sie sich für *jegliche Tätigkeit* absolut unfähig sieht.

David in Psalm 38

Eine ähnlich lebhafte Schilderung einer massiven Depression finden wir in Psalm 38, wo David schreibt: „Es ist nichts Unversehrtes an meinem Fleisch ... nichts Heiles an meinen Gebeinen..." (V. 4) Diese Worte verdeutlichen, dass er eine Zeit mit so manchen körperlichen Schmerzen und mit heftiger Schwäche durchlebte – und wie wir eben bemerkten, ist das bei schwer Depressiven sehr oft der Fall.

Im weiteren Verlauf des Psalms hält David fest: „Ich bin tief gebeugt und niedergedrückt; ich gehe trauernd einher den ganzen Tag; denn meine Lenden sind voll Brand, und es ist nichts Unversehrtes an meinem Fleisch. Ich bin ganz kraftlos und zermalmt; ich schreie vor Unruhe meines Herzens." (V. 7-9) Wieder wird uns das Bild einer schweren Last dargestellt; ein erdrückendes Gewicht, Elend, Jammer und körperliche Schmerzen, die ihn plagen.

Ferner drückt er aus, dass er „den ganzen Tag trauernd einhergeht". Menschen in massiver Depression finden sich oft in unkontrolliertem Weinen über Kleinigkeiten wieder und solche Ausbrüche dauern häufig sehr lange an. Während meines Dienstes als Ältester in einer Gemeinde habe ich sowohl Männer als auch Frauen betreut, die schwer depressiv waren und ungewöhnlich schnell weinten. Obwohl Frauen eher dazu neigen, in Tränen auszubrechen – sei es auf Grund einer Depression oder aus anderer Ursache – habe ich auch Männer in der Seelsorge gehabt, die zu weinen anfingen, was eher ungewöhnlich ist.

Ich will damit sagen, dass es mehrmals vorgekommen ist, dass ein Mann unvermittelt anfing, in meinem Büro zu weinen.

Dieses Phänomen beobachtete ich immer wieder in der Seelsorge bei Männern, die an massiver Depression litten. Ich merkte, dass, obwohl sie kaum die Kraft hatten, ihre Tränen im Zaum zu halten, sie sich doch ihrer Tränen schämten, und zwar aufgrund der allgemeinen Meinung der Gesellschaft, ein Mann dürfe nicht weinen. Und gerade wegen dieser ungeschriebenen gesellschaftlichen Norm ist das unkontrollierte Weinen eines Mannes für mich ein ganz klarer Hinweis auf eine heftige emotionale Qual. David erlebte genau diese Art von Depression in seinem Leben.

Elia

Der Prophet Elia war zweifellos einer der gottesfürchtigsten Männer, die je gelebt haben; Gott gebrauchte ihn auf besondere Weise. Der Herr Jesus selbst bestätigt das, als er von Johannes dem Täufer als dem größten aller je geborenen Menschen spricht (Mt. 11,11). Zuvor eröffnete der Engel des Herrn dem Vater des Johannes, dass sein Sohn den Dienst „im Geist und in der Kraft Elias" ausführen werde (Lk. 1,17). Als Jesus vor den Augen seiner Jünger verklärt wurde, war Elia einer der Gläubigen des Alten Testaments, die Jesus erschienen und mit ihm redeten (Mt. 17,1-3).

In Anbetracht dieser Tatsache können wir Elia zurecht als einen geistlichen Riesen bezeichnen. Aber die Bibel macht uns auch deutlich, dass es in Elias Leben eine Zeit gab, in der er eine Erfahrung machte, die wir als eine schwere Depression bezeichnen können und müssen. Die Ereignisse seines Lebens, die uns zu diesem Schluss führen, sind in 1. Könige 17 und 18 festgehalten und zeigen uns eine Mischung aus aufregenden aber auch frustrierenden Erfahrungen.

Während niederträchtige Menschen – so wie das Königspaar Ahab und Isebel – ihre Verderbtheit, Ausschweifung, Rebellion und Brutalität offen zur Schau stellen, lässt Gott seine Macht, Treue und seinen Schutz an Elia offenbar werden. Das letzte große, öffentliche Ereignis, bevor Elia von seiner Depression erfasst wird, war das Herbeirufen des Feuers Gottes auf sein wassergetränktes Opfer auf dem Berg Karmel. Im Anschluss an diesen Machtbeweis Gottes wurden die Propheten Baals – 450 Männer – getötet und die landesweite Hungersnot ging mit einem heftigen Regenguss zu

Ende. Danach erfuhr Elia, dass Isebel bei allen ihren Götter einen Eid geschworen hatte, ihn zu töten. In 1. Könige 19,3-10 beschreibt uns die Bibel Elias Reaktion auf dieses Ereignis:

> „Und als er das sah, machte er sich auf und ging fort um seines Lebens willen; und er kam nach Beerscheba, ... und ließ seinen Burschen dort zurück. Er selbst aber ging hin in die Wüste, eine Tagereise weit, und er kam und setzte sich unter einen Ginsterstrauch. Und er erbat für sich den Tod und sprach: Es ist genug! So nimm nun, HERR, mein Leben [...]! Und er legte sich und schlief ein unter dem Ginsterstrauch. Und siehe, ein Engel rührte ihn an und sprach zu ihm: Steh auf und iss! Und als er sich umsah, siehe, da war bei seinem Kopf ein auf heißen Steinen gebackener Brotfladen und ein Krug Wasser. Und als er gegessen und getrunken hatte, legte er sich wieder schlafen. Und der Engel des HERRN kam zum zweiten Mal und rührte ihn an und sprach: Steh auf und iss [...]! Und er stand auf und aß und trank, und er ging in der Kraft dieser Speise 40 Tage und 40 Nächte lang, bis an den Berg Gottes, den Horeb. Und er ging dort in eine Höhle hinein und blieb dort über Nacht. Und siehe, das Wort des HERRN kam zu ihm, und Er sprach zu ihm: Was willst du hier, Elia? Er sprach: Ich habe heftig geeifert für den HERRN, den Gott der Heerscharen, denn die Kinder Israels haben deinen Bund verlassen und deine Altäre niedergerissen und deine Propheten mit dem Schwert umgebracht, und ich allein bin übrig geblieben; und sie trachten danach, mir das Leben zu nehmen!"

F. W. Krummacher sagt zu diesen Versen Folgendes: „Ein tiefes Dunkel umnachtet des Propheten Seele. Man merkt's an Allem. Dieses verschlossene Wesen, dieser Drang zur Einsamkeit, dieser planlose Hinausgang in die melancholische Wildnis, es deutet alles auf eine mutlose, niedergeschlagene Stimmung."[2] Krummacher

---

2   F. W. Krummacher, *Elias der Thisbiter, nach seinem äußern und innern Leben dargestellt*, zweiter

macht deutlich, dass Elia in dieser Lebenslage sein Augenmerk nicht auf „Gottes Verheißungen, Hilfe, Macht und Treue" gerichtet hatte, sondern auf seine eigenen Probleme. Er war von gewissen Sorgen gefangen:

> Statt nach früherer Gewohnheit im Adlerfluge sich hindurch und darüber hinweg zu schwingen, und dann von den sonnigen Felsenhöhen der göttlichen Zusage mit königlicher Ruhe darauf herabzuschauen, wurde er diesmal vom Grauen übermannt, die Gewalt der Umstände behielt die Oberhand, und statt einer heroischen Gegenwehr in der Waffenrüstung seines Gottes – erfolgte leiblich und geistlich – ein menschlicher Rückzug.
>
> Elia machte sich auf und ging. Und wohin ging er? – Die Erzählung sagt: „wo er hin wollte." Das klingt eigen. – Das Dunkel seines Weges, die Unsicherheit seiner Schritte wird uns damit angedeutet. Er hatte diesmal keine ausdrückliche göttliche Weisung, ob und wohin er gehen sollte. Bisher waren ihm seine Wege immer auf das Genaueste und Unzweideutigste von seinem Herrn vorgezeichnet worden. Diesmal nicht. ...
>
> Er zog nur so in's Blaue hinaus, ungewiss, von vielen Zweifeln gequält, und nicht einmal von dem tröstlichen Bewusstsein begleitet, dass er diese Straße ziehe für seinen Gott...
>
> Das Menschengewühl war ihm zuwider, das Geräusch der Stadt unerträglich. Selbst die Gesellschaft seines Knaben, des treuen Gefährten, war ihm nur lästig.
>
> ... und zog dann einsam weiter in die menschenleere, schweigende Wüste hinein, tief hinein, eine ganze Tagreise, bis die Sonne gesunken war. – Da warf er sich hin in's Haidekraut unter einen Wacholderstrauch, und versank ganz in's Meer seiner düsteren Gedanken.
>
> Ein tiefes Dunkel umnachtet des Propheten Seele. ... Irre an seinem Beruf, ja selbst an Gott und seinem Walten irre, liegt er mit seiner Seele zwischen den tausend Zweifeln

Band, zweite Auflage, Elberfeld, bei Wilhelm Kassel, 1836. S. 28/29 und beängstigenden Gedanken, die ihn bestürmen, wie ein Schwimmer in einem brandenden Meere, das weder Grund noch Ufer hat, und in dem Momente, da wir ihn tief aufseufzend, in bitterer, schwermutsvoller Resignation unter den Wacholderstrauch dahinsinken sehen, ist wirklich nur ein Schritt noch zwischen ihm und dem Abgrund des äußersten Verzagens.

Da sitzt er nun, das angegriffene, müde Haupt auf die Hand gestützt, mitten in der schauerlichen Einsamkeit, wie ein Verbannter, wie Einer, der von Gott und der Welt verstoßen wäre. Da sitzt er, und starret vor sich hin...

Der liebe Gottesknecht hat's genug in diesem Jammerthale. Er ist der lauten Gesänge, der vergeblichen Arbeit herzlich müde. Seine Seele sehnt sich nach dem Sabbath. „Es ist genug!" ... Aber tröstlich sei es uns, dass auch ein Elia einmal so unter dem Wacholderstrauch gesessen und in seinem Zagen gemeint hat, die Last des Lebens nun nicht mehr tragen zu können. – „Es ist genug, Herr!" Was soll ich länger in diesem Lande der Mühseligkeiten? Mein Dasein ist unnütz.[3]

Elia durchlebte mit Sicherheit eine massive Depression. Und wann immer ich Menschen, die ebenfalls schwer niedergeschlagen waren, seelsorgerlich betreute, konnte ich viele Parallelen zwischen ihren Erfahrungen und denen des Elia zu diesem Zeitpunkt seines Lebens sehen.

2. Korinther 4,8-9 und massive Depression

In 2. Korinther 4,8-9 gibt Paulus eine Einschätzung ab, anhand derer wir die Beschaffenheit massiver Depression erläutern können. Er schrieb: „Wir werden überall bedrängt, *aber nicht erdrückt;* wir kommen in Verlegenheit, *aber nicht in Verzweiflung;* wir werden verfolgt, *aber nicht verlassen;* wir werden niedergeworfen, *aber wir kommen nicht um...*" Obwohl Paulus in diesem Abschnitt beschreibt, wie er und seine Gefährten im Gehorsam gegenüber Gott leben, zeigt

---

3   F. W. Krummacher, *Elias der Thisbiter, nach seinem äußern und innern Leben dargestellt,* zweiter Band, zweite Auflage, Elberfeld, bei Wilhelm Kassel, 1836. S. 23-31

die Aufzählung der Dinge, die ihnen *nicht* widerfahren sind, sehr gut auf, was mit Menschen geschieht, die schwer niedergeschlagen sind.

Als erstes können wir festhalten, dass Paulus und seine Begleiter „überall bedrängt" waren. Anders gesagt: Sie haben die verschiedensten Bedrängnisse erlitten. Da gab es nichts, was sie nicht erlitten hätten oder womit sie nicht in Berührung gekommen waren – den Tod ausgenommen. Aber Paulus sagt, dass, obwohl sie in jeglicher Art bedrängt waren, sie doch nicht *„erdrückt worden sind"*. Bedrängnisse und Trübsale können einem hier und da durchaus zusetzen (meine Frau pflegt zu sagen: „Das ist die Art und Weise, wie Licht in uns hineinkommt."), aber Christen sollten davon nicht erdrückt werden. Menschen, die eine massive Depression durchleben, geben den Umständen die Gelegenheit, sie zu erdrücken.

Danach macht er deutlich, dass sie *„in Verlegenheit,* aber nicht in Verzweiflung" kommen, womit er so manche Verwirrungen in ihrem Dienst ausdrückt. Paulus und seine Mitarbeiter haben lange nicht immer alles verstanden, was Gott in ihrem Leben zugelassen hat. Ungeachtet dieser Verwirrungen gerieten sie dennoch „nicht in Verzweiflung." Das griechische Wort *exaporeomai,* was mit Verzweiflung übersetzt wird, bedeutet so viel wie „total am Ende" sein. Paulus erklärt, dass sie, obwohl sie nicht alle Antworten kannten, nie den Glauben an Gottes Handeln in Frage stellten. Wenn ein Mensch den Sinn seiner Umstände nicht versteht, wenn er kein „Licht am Ende des Tunnels" erkennt, kann er sehr leicht in eine Depression hineingeraten. Ebenso, wenn ein Christ vergisst (oder nicht vollends darauf vertraut), dass Gott derjenige ist, der immer noch die Fäden in der Hand hält. Schwer niedergeschlagene Menschen können zwar behaupten, dass sie auf Gottes Erhabenheit und Souveränität in ihren Umständen vertrauen, aber sie glauben es nicht wirklich. Paulus führte sich immer wieder vor Augen und glaubte felsenfest daran, dass Gott ihn und sein Leben fest in der Hand hält.

Weiter schreibt Paulus: Sie *„werden verfolgt,* aber nicht verlassen." Er gebraucht das Wort „verfolgt", um zu zeigen, dass sie nicht nur beiseite gestellt wurden oder unbeachtet blieben; Paulus und seine Begleiter wurden gezielt misshandelt und verwundet. Und doch fühlten sie sich nie verlassen. Sie waren sich der Fürsorge und Gegenwart Gottes bewusst und wussten um die Gebete der Geschwister für sie.

Massiv depressive Menschen dagegen machen den Fehler, dass sie die erlebten Bedrängnisse verallgemeinern und übertreiben. Wenn einige wenige Personen sie nicht beachten, oder feindselig behandeln, dann sind (ihrer Meinung nach) alle Menschen ihnen gegenüber gleichgültig und behandeln sie schlecht. Sie fühlen sich so, als ob alle ihnen etwas antun wollen und keiner sich um sie sorgt. So etwas führt häufig zu Gefühlen der Vereinsamung und Entfremdung; sie fühlen sich von allen verlassen.

Zuletzt schreibt Paulus, dass sie *„niedergeworfen"* werden, aber nicht „umkommen". Mit anderen Worten: Es gab Ereignisse in ihrem Dienst, in denen die Schwierigkeiten ihnen den Boden unter den Füßen wegzogen. Höchstwahrscheinlich erlebten sie Rückschläge und unvorhersehbare Ereignisse, die sie überraschten und dazu führten, dass sie sich fragen mussten, wie alles überhaupt weitergehen sollte. Sie mussten miterleben, wie ihre geistlichen Füße dann und wann lahm wurden, aber nie ließen sie es zu, dass diese Erlebnisse sie zerstörten.

Menschen, die an einer massiven Depression leiden, meinen nicht nur, dass sie zu Boden geschlagen wurden, sondern sie sehen sich selbst am Boden liegen, *unfähig wieder aufzustehen.* Sie sehen ihr Leben in einem so großen Durcheinander, dass es ihnen unmöglich erscheint, da wieder Ordnung hineinzubringen. Da sie von diesem trüben und hoffnungslosen Ergebnis so felsenfest überzeugt sind, werfen sie das Handtuch und geben einfach auf. Sie liegen nicht nur am Boden, sie sind völlig kampfunfähig.

John Bunyans Beschreibung der Depression

In seinem berühmten gleichnishaften Buch „Pilgerreise zur seligen Ewigkeit" hat John Bunyan das Durchleben von Depressionen sehr genau und anschaulich beschrieben. An einem gewissen Punkt ihrer Reise finden sich *Christ* und sein Begleiter *Hoffnungsvoll* auf dem Grundstück des Riesen *Verzweiflung* wieder:

Am frühen Morgen erhob sich der Riese, um nach seiner Gewohnheit sein Gebiet zu durchstreifen, und bald gewahrte er die beiden Fremden. Mit grimmiger und barscher Stimme hieß er sie aufstehen und fragte sie: „Wer seid ihr und was habt ihr hier zu tun?" Zitternd schlugen sie ihre Augen auf. „Wir sind Pilger", sagten sie, „und haben den Weg verloren." „Ihr habt euch an mir vergangen", rief der Riese, „denn mein Gebiet habt ihr betreten, mit mir müsst ihr nun gehen!"

Bunyan zeigt hier auf, dass *Christ* und *Hoffnungsvoll* von ihrer Verzweiflung gefangen und bestimmt wurden. Ihrer Meinung nach hatten sie keine andere Wahl, als sich dem Riesen *Verzweiflung* zu unterwerfen, da er sie in seiner Gewalt zu haben schien. Sich dessen bewusst, dass sie sich schuldig gemacht (versündigt) hatten, wurden sie von ihren Gefühlen überwältigt und hatten dem Riesen nichts zu ihrer Verteidigung zu entgegnen:

[Der Riese] trieb sie vor sich her in seine Burg, wo er sie in einen finsteren, schmutzigen Kerker warf. Hier lagen sie vier Tage ohne einen Bissen Brot, ohne einen Trunk Wasser zu genießen. Kein Lichtstrahl drang in ihre Finsternis; kein Mensch fragte, wie es ihnen gehe. Sie waren hier in übler Lage, dazu fern von Freunden und Bekannten. *Christ* war ganz untröstlich, weil sein Rat zu einem so schrecklichen Ausgang geführt hatte.

Auch hier sehen wir den charakteristischen, schon erwähnten fehlenden Appetit und das Unvermögen depressiver Menschen, über die augenblickliche Lage hinwegzusehen. Alles um sie herum erscheint dunkel und hoffnungslos.

Bunyan beschreibt weiter, wie der Riese in den Kerker hineinkommt und die beiden ohne das geringste Anzeichen einer Provokation seitens der Pilger gnadenlos verprügelt. Während dieser „Behandlung" liegen die Pilger hilflos auf dem Boden, bewegungsunfähig, nicht mal mit genügend Kraft, um über ihre elende Lage bekümmert zu sein. Und am Ende kommt gar der

Riese mit einem Messer, einem Seil und Gift, um die Pilger dazu zu bringen, sich selbst das Leben zu nehmen, indem er sagt: „Ihr könnt selbst wählen, wie ihr aus dem Leben scheiden wollt. Warum wollt ihr leben, da ihr doch seht, dass es nur Bitterkeit und Schmerz bringt?" Genau das ist die Erfahrung, die eine schwer niedergeschlagene, massiv depressive Person durchmacht.

Ein Beispiel aus unserer Zeit

Eine massiv depressive Frau hat ihre Erfahrungen so beschrieben:

> Die Depression ist unsere eigene kleine Hölle; niemandem außer dir und dem Herrn bekannt. Sie ist überaus schmerzhaft – das zerstörendste, was ich je durchgemacht habe. Man fühlt sich hilfs- und hoffnungslos. Zeitweise ist der Kummer unbeschreiblich und – ohne die Gnade Gottes – unerträglich. Es geht nicht einfach so vorüber, als ob Gras drüber wächst. Es ist ein richtiger Kampf – und irgendwann willst du einfach nicht mehr kämpfen. Eine Depression ist unheimlich ermüdend und nahezu alles, was du machst, verlangt dir enorm viel Kraft ab – selbst wenn es nur darum geht, morgens aufzustehen.
>
> Die Depression raubt dir deine Kraft, deinen Willen, deine Freude, Zufriedenheit, dein Denkvermögen, usw. Und sie lässt dich verwirrt, bestürzt, traurig, wütend, manchmal feindselig, manchmal weinerlich, ängstlich und nervös und „wie gerädert" zurück. Sie beeinflusst dich sogar körperlich; ich verlor acht Kilogramm Gewicht und hatte drei Jahre lang einen schrecklichen Hautausschlag. Die Depression beeinflusst dich auch geistig; man denkt nur noch darüber nach, wie schlecht es einem geht und wie sinnlos das Leben ist. Und die Depression beeinflusst dein geistliches Leben; manchmal zweifelte ich an meinem Heil in Christus. Ich fühlte mich von Gott vergessen und verlassen. Man hat keine Freude zum Gebet – und wenn man betet, meint man, dass das Gebet von der Zimmerdecke abprallt.
>
> In der Depression löst eine Traurigkeit die nächste ab, und in

kürzester Zeit findet man sich im Strudel der Verzweiflung wieder. Weinen ist für mich eine allgegenwärtige und übliche Erfahrung. Selbst, wenn ich diese Zeilen hier schreibe, weine ich und es fällt mir sehr schwer, mit dieser Angewohnheit zu brechen. Weinen erleichtert nicht den Schmerz – es verschlimmert ihn und führt in noch tiefere Verzweiflung.

Oh Gott, ich bin so kaputt. Ich habe gehört, dass Menschen am gebrochenen Herzen gestorben sind – aber das ist noch schlimmer. Ich lebe mit einem gebrochenen Herzen. Ich bin so allein, bitte Gott, bitte lass mich sterben. Nahezu beständig ist mein Herz beschwert und ich vergesse, wie es sich anfühlt, froh und zufrieden zu sein. Ich weiß, dass man nicht nach dem „Warum" fragen sollte, aber ich wünschte, ich wäre vor 20 Jahren gestorben, als ich eine schwere Krankheit hatte. Die letzten 20 Jahre des Lebens waren diese letzten drei Jahre des Leidens nicht wert.

Die körperlichen Auswirkungen einer Depression

Wie wir anhand der erwähnten Beispiele sehen können, hat eine massive Depression einen beachtlichen Einfluss auf den Körper des betroffenen Menschen. In der Zeitschrift *The Journal of Pastoral Counseling*[4] veröffentlichte Dr. med. Robert Smith einen Artikel zum Thema Depression, in dem er die Auswirkungen einer Depression auf den Körper wie folgt beschreibt:

Depression ist ein Zustand mit vielen Symptomen. Das erste, worauf zu achten ist, ist das deutlichste: Das Gesicht des Hilfe Suchenden. Das Gesicht trieft – im wahrsten Sinne des Wortes – nur so von der „Was hat das alles überhaupt für einen Sinn?"-Haltung. Die Augen fallen fast zu; die Mundwinkel hängen tief und scheinen die gesamte Gesichtspartie in gleicher Weise hinunter zu ziehen. Stets wirkt das Gesicht langgezogen, grimmig und traurig. Er hat zu nichts Lust und durchgehend schwebt der Geist der Hoffnungslosigkeit und

---

4   zu deutsch etwa: „Magazin zur biblischen Seelsorge"

Hilflosigkeit im Raum. Sein Gesicht ist das Spiegelbild des inneren Menschen.

Alle anderen sichtbaren oder hörbaren Symptome oder Hinweise äußern sich in der gleichen Art und Weise: Die Stimme ist dumpf und das Sprechen ist verlangsamt. Er spricht eintönig und mit wenig oder gar keiner Betonung. Es kann vorkommen, dass während des Sprechens Tränen in die Augen steigen. Er sieht dem Seelsorger nicht in die Augen; stattdessen starrt er eher auf den Fußboden. Er legt die Hände schlaff in den Schoß. Wie er so dasitzt, scheinen seine Schultern und Mundwinkel von einer unsagbar schweren Last nach unten gezogen zu werden. Während des Redens sind kaum Körperbewegungen erkennbar. Der Gang ist langsam, beinahe schlurfend. Es gibt kaum „sprudelndes Leben" oder Schwung, bei dem man ein gewisses Aufbringen von Energie erkennen könnte. Das, was er in Begriff ist zu tun, tut er mit so wenig Aufwand wie nur irgend möglich.

Das alles beschreibt eine klassische [*wir beschreiben sie als „massive"*] Depression. Diese Anzeichen sind nicht immer da, aber bei den meisten depressiven Menschen werden sie in einem kleineren oder größeren Grad auftreten. Manchmal wird eine [*massiv*] niedergeschlagene Person genau das Gegenteil dieser Dinge aufweisen. Sie ist hyperaktiv, zappelig, reizbar und sie spricht schnell und zusammenhangslos. Und doch können diese Dinge das körperliche Erscheinungsbild einer klassischen [*massiven*] Depression sein.

Die Dinge, über die eine [*massiv*] depressive Person klagt, und die Veränderungen des Körpers sind deckungsgleich mit dem, was von außen beobachtet werden kann. Sie klagt über fehlenden Schwung oder Kraft und ist stets müde. Sie schläft nicht gut, weil sie entweder Schwierigkeiten mit dem Einschlafen hat oder morgens zu früh wach wird. Das letztere ist die am meisten verbreitete Beschwerde. Selbst wenn so eine Person schläft, wacht sie morgens auf und hat das Gefühl, die ganze Nacht wach gewesen zu sein. Danach schleppt sie sich durch den Tag im ständigen Kampf gegen die Müdigkeit und den Schlaf mit dem einzigen Ziel, abends ins Bett zu fallen und doch nicht einschlafen zu können. Und wenn sie einschläft, ist es ein unruhiger Schlaf, von dem man am nächsten Morgen zu früh und unausgeruht erwacht. Es kann auch sein, dass sie morgens Kopfschmerzen hat und schmerzende Füße und ein wenig Rückenschmerzen am Abend. Sie hat keinen Appetit und das Essen bietet auch keinen Reiz. Die Person isst nur, weil sie weiß, dass sie es muss. Das kann auch zu einem gewissen Gewichtsverlust führen. In diesem Zusammenhang wird über Verstopfungen geklagt. Ihr Mund ist trocken und sie hat einen unangenehmen Geschmack im Mund. So eine Person verliert die Lust am Geschlechtsverkehr und anderen Dingen, die vorher einmal sehr wichtig gewesen sind.

Der Herr hat unseren Körper mit Regelsystemen ausgestattet, die viele Funktionen automatisch überwachen. Diese Regelung kann man mit einem Thermostat im Haus vergleichen. Wenn die Raumtemperatur zu niedrig ist, gibt das Thermostat einen Impuls an die Heizung, so dass es im Haus wieder warm wird. Wenn die Raumtemperatur hoch genug ist, gibt es einen anderen Impuls, damit die Wärmezufuhr der Heizung eingestellt wird. Das Thermostat für das autonome (automatische) Nervensystem (ANS) ist das Gehirn und das Rückenmark. Bestimmte Bedürfnisse des Körpers geben Impulse an das ANS, um bestimmte Veränderungen einzuleiten. Dazu gehören die Darmaktivität, die Menge des produzierten Mundspeichels, das Schwitzen, der Puls und viele, viele andere Dinge, die durch das ANS gesteuert werden. Auch wenn diese Dinge völlig unbewusst ablaufen, kann das Gehirn sie dennoch beeinflussen. Mit dem „Gehirn" ist die Reaktion des Menschen gemeint, mit der er den täglichen Erfahrungen des Lebens begegnet. Diese Reaktion beeinflusst das ANS. Diese Dynamik entfaltet sich im Inneren der niedergeschlagenen Person. ... Die Magen-Darm-Tätigkeit wird schwächer, bewirkt dadurch verminderten Appetit, manchmal Ekel, Magenverstimmungen und Verstopfung. Geringere Nahrungsaufnahme und geschwächte Verdauung bewirken Gewichtsverlust. Die reduzierte Tätigkeit der Speicheldrüsen hat einen trockenen Mund zur Folge, was den unangenehmen Geschmack im Mund nach sich zieht. Der ganze Stoffwechsel fährt herunter, was den Mangel an Schwung und Kraft auslöst – ein Zustand, der durch den Mangel an Schlaf noch verschlimmert wird.

Das müde und ausgelaugte Gefühl kann auch durch die fehlende Ruhe während des Schlafes verursacht werden. Wenn die betroffene Person zu Bett geht, nimmt sie alle ihre Probleme mit. Man grübelt, versucht die Probleme zu lösen und im Allgemeinen lässt man sich die Erlebnisse des Tages noch einmal durch den Kopf gehen. Es ist, als ob man versucht, bei laufendem Fernsehprogramm einzuschlafen, das einen von den Problemen und Erlebnissen des Tages ablenken soll. Aber selbst wenn der Ton sehr leise oder gar aus ist, ist das Schlafen schwierig und Erholung unmöglich.[5]

Zusammenfassung

Um Depression zu verstehen, müssen wir immer ganzheitlich und allumfassend an das Problem herangehen. Wie wir in den einzelnen Beispielen gesehen haben, greift eine Depression in das Leben des Betroffenen ein und beeinflusst jeden Bereich – seinen Körper, sein Gefühlsleben und Verhalten, sein Urteilsvermögen und seinen Verstand, seine Theologie und seine Vergangenheit.

Körperliche Auswirkungen sind tatsächlich spürbare Beeinträchtigungen wie starke Müdigkeit, Schlaflosigkeit und Appetitverlust.

Das *Gefühlsleben* wird bestimmt von Empfindungen wie Enttäuschung, Traurigkeit, Entmutigung, Schwermut, Verzagtheit, Gleichgültigkeit, Sorge, Zorn, Frust, Einsamkeit, Leere, Ernüchterung, Niedergeschlagenheit und Verzweiflung. Depressive Menschen werden oft von ihren Gefühlen beherrscht und neigen zu einer „gefühlsmäßigen Wahrnehmung". Das heißt, sie gehen davon aus, dass ihre persönlichen Gefühle präzise und allgemein gültig sind. Ihre Gefühle werden dann stets als Entschuldigung für nicht

---

5   Smith, Robert, M.D., *Journal of Pastoral Counseling*, Vol. 1, Nr. 1, S. 85-87.

erledigte Arbeiten oder für ein Leben im Ungehorsam gegenüber Gott angeführt.

Die Depression wirkt sich auf das *Verhalten* aus, führt oft zu Trägheit, zum Zurücktreten von anvertrauten Diensten und zu sündigen Handlungen und Reaktionen. Depressive Menschen begehen Unterlassungssünden (sie tun nicht, was sie hätten tun sollen) und Tatsünden (tun, was sie nicht hätten tun sollen). Sie sündigen sowohl mit ihrem Mund als auch mit ihren Augen, Ohren, Händen und Füßen. Des Öfteren beeinflusst eine Depression den gesellschaftlichen Umgang der Betroffenen. Sie ziehen sich zurück, tadeln andere und missverstehen Worte und Handlungen. Sie werden von einzelnen Menschen extrem abhängig. In den meisten zwischenmenschlichen Beziehungen werden sie absolut selbstzentriert.

Die Depression beeinträchtigt den *Verstand* oder das *Urteilsvermögen*, so dass die Betroffenen den Blick für Gottes Ziele, für seine Güte und Weisheit und für die Kraft der Errettung verlieren. Sie neigen dazu, schlecht über Gott, die Welt, die Zukunft, andere Menschen und über sich selbst zu denken. Das wahrgenommene Ausmaß des Leides und die Hoffnungslosigkeit ihrer Probleme bestimmt ihr ganzes Denken.

Theologisch relevant wird eine Depression, wenn sie die Sicht auf Gott und die Beziehung zu ihm verdreht, abschwächt, auslöscht.

Depression hat schließlich mit der *Vergangenheit* des Betroffenen zu tun, weil sie ein Ergebnis des so genannten „Schneeball-Effekts" ist: Wurde eine milde Depression nicht richtig aufgearbeitet, entwickelte sie sich zu einer mäßigen Depression. Dabei spielt es keine Rolle, ob die milde Depression durch tatsächliche oder durch eingebildete Ereignisse ausgelöst worden war. Anschließend wurde mit der mäßigen Depression nicht richtig umgegangen, wodurch diese zu einer massiven Depression wurde. So sehen wir, dass Menschen, die an Probleme im Leben nicht auf biblische Art und Weise herangehen, sich selbst in eine immer tiefer drehende Spirale begeben, die kleine Probleme aufrecht erhält, ausweitet und verstärkt. Und schließlich nehmen diese kleinen Probleme ein immer größeres und sehr ernstes Ausmaß an.

Zur Lösung eines jeglichen Problems im Leben – das Problem der Depression eingeschlossen – ist als erstes eine genaue Beschreibung und Eingrenzung desselben zwingend erforderlich. Eine ungenaue oder mangelhafte Diagnose führt zwangsläufig in eine ungenaue oder mangelhafte Lösung. Wir haben uns in diesem Kapitel der Beschaffenheit massiver Depression zugewandt und sie ausführlich betrachtet. Diese Einblicke und Hinweise sind dazu gedacht, dass wir diese Art der Depression klar und deutlich erkennen und verstehen. Wenn Sie selbst mit Depression zu kämpfen haben (oder jemand, den Sie kennen und dem Sie helfen wollen), dann beantworten Sie ehrlich und wahrheitsgemäß folgende Fragen:

1. Was sind die körperlichen Erscheinungsformen dieser Depression?

Denken Sie in Ruhe über die betrachteten Personen des letzten Kapitels nach (Asaph, Jeremia, David usw.). Führen Sie sich die Beschreibung der körperlichen Auswirkungen einer Depression vor Augen und achten Sie auf Ähnlichkeiten und Gemeinsamkeiten in Ihrem Leben oder im Leben der Person, der Sie helfen wollen.

2. Was sind die gefühlsmäßigen Auswirkungen dieser Depression?

Welche der folgenden Eigenschaftswörter würden am genauesten auf die durchlebten Gefühle zutreffen: enttäuscht, traurig, entmutigt, düster, elend, mutlos, ängstlich, wütend, frustriert, gleichgültig, einsam, leer, desillusioniert, niedergeschlagen, verzweifelt? Neigt die betroffene Person dazu, sich auf die ständigen Gefühlswallungen einzulassen? Handelt sie gefühlsorientiert – was heißen will, dass sie meint, ihre Empfindungen seien wahrheitsgetreu, gut begründet und eine genaue Darstellung der Wirklichkeit?

3. Welche Verhaltensweisen könnten mit der Depression zusammenhängen?

Welche Verhaltensweisen bzw. Handlungen wurden aus der vorhandenen Depression heraus praktiziert oder unterlassen? Welche Verhaltensweisen haben mit der Depression zu- oder abgenommen?

Welchen Einfluss oder welche Wirkung hatte die Depression auf die zwischenmenschlichen Beziehungen, auf das Erfüllen von Pflichten usw.?

4. Wie beeinflusst die Depression den Verstand oder das Urteilsvermögen?

In welche immer wiederkehrenden Gedanken, Aussichten, Auslegungen und Denkprozesse verwickelt sich die Person fortwährend?

5. Welchen Einfluss übt die Depression auf die Theologie bzw. auf das Gottesbild aus?

Wie hat sich die Haltung zu geistlichen Dingen durch die Depression entwickelt? Wie hat sich die Depression auf das geistliche Leben ausgewirkt? Welches Bild haben Sie von Gott?

6. Welche Faktoren der Vergangenheit prägen diese Depression?

Ist sie schon vorher aufgetreten? Was geschah, als die Depression auftrat? Wie lange dauerten diese Umstände an? Welchen Einfluss übten sie auf die Depression aus (Verbesserung oder Verschlechterung)? In welchem Zustand, an welchem Ort oder zu welcher Zeit wird die Depression begünstigt oder niedergehalten? Welche Wirkung haben widrige Umstände oder Ereignisse auf die Person gehabt? In welcher Art und Weise hat die Person in der Vergangenheit in solchen Situationen gehandelt oder auf aufkommende Gefühle reagiert? Gab es eine Steigerung in der Intensität und Tiefe ihrer Reaktionsweise auf widrige Umstände?

Die gründliche Klärung dieser sechs Fragen kann ein guter Anfang zum Überwinden der Depression sein – aber auch wirklich nur ein *Anfang*. Im nächsten Kapitel wenden wir uns der biblischen Sicht auf verschiedene Faktoren zu, die die Entwicklung von Depressionen begünstigen. Aber bevor wir uns dem nächsten Kapitel widmen, will ich Sie ermutigen, sich ein wenig Zeit zu nehmen, um sich Gedanken über das eben Gelesene zu machen und die folgenden Fragen zu beantworten:

Fragen zur Diskussion und Anwendung:

1. Welche biblischen Beispiele wurden für die dritte Kategorie der Depression genannt?

2. Zählen Sie einige Symptome für diese Art der Depression auf!

3. Was ist damit gemeint, dass die dritte Art der Depressionen „ein Zustand mit vielen Symptomen" ist?

4. Beschreiben Sie den Unterschied zwischen den Erfahrungen des Paulus in 2. Kor. 4,6–9 und der dritten Art der Depression!

5. Was ist der Hauptgedanke der *Zusammenfassung* dieses Kapitels?

6. Was haben Sie beim Lesen und Nachdenken aus den ersten zwei Kapiteln über die Depression gelernt?

7. Welche der dargestellten biblischen Beispiele erschienen Ihnen besonders interessant und aussagekräftig, um die Depression besser zu verstehen? Wieso war diese Begebenheit oder dieses Beispiel besonders aussagekräftig?

8. Haben Sie schon mal mit Menschen zu tun gehabt, die in einer der beschriebenen Arten von Depression steckten? Unter welcher Art von Depression litt die Person? Beschreiben Sie, welche Auswirkungen die Depression auf den Menschen hatte – körperlich, gefühlsmäßig, verhaltensmäßig, auf den Verstand bzw. das Urteilsvermögen, geistlich und in der Vergangenheit.

9. Haben Sie selbst jemals eine der beschriebenen Arten von Depression durchlebt? Wenn ja, welche war es? Wie hat sich das bei Ihnen ausgewirkt – körperlich, gefühlsmäßig, verhaltensmäßig, auf den Verstand bzw. das Urteilsvermögen bezogen, geistlich und auf die Vergangenheit bezogen?

10. Was können Sie für sich selbst – oder mit dem Ziel, anderen zu helfen – aus den biblischen Beispielen dieses Kapitels lernen?

11. Stimmen Sie dem zu, dass man in unserer sündigen Welt durchaus damit rechnen muss, Entmutigungen und Enttäuschungen zu erfahren? Aus welchen Gründen stimmen Sie zu oder auch nicht?

12. Wie anfällig sind Sie dafür, sich zu sehr auf ihre Gefühle einzulassen und sich im Leben durch diese bestimmen zu lassen? Wann neigten Sie dazu? Wann haben Sie sich strikt dagegen gewehrt?

13. Warum ist es überhaupt gefährlich, sich von Gefühlen bestimmen und kontrollieren zu lassen?

Kapitel 3
Warum werden Menschen
überhaupt depressiv?

Das Verständnis, wie eine Depression auf Menschen wirkt und was ihre Auswüchse sind, ist sehr hilfreich, um die Probleme zu überwinden – ganz gleich, ob es sich um eine milde, mäßige oder massive Depression handelt. Im letzten Kapitel haben wir festgestellt, dass eine massive Depression nahezu in jeden Lebensbereich der betroffenen Person eingreift; der Körper, das Gefühlsleben, das Verhalten, der Verstand, das Gottesbild und die Vergangenheit – alles wird in Mitleidenschaft gezogen. Die Auseinandersetzung mit jedem dieser Bereiche ist eine heikle Angelegenheit, zumal der Einfluss der Depression auf jeden einzelnen Bereich verstanden und individuell in Angriff genommen werden muss. Auch wenn wir oft meinen, eine Depression nehme vorwiegend auf das Gefühlsleben Einfluss, so ist es falsch – ja, sogar hinderlich – sich nur mit den Gefühlen der Betroffenen zu beschäftigen.

Zusätzlich zum richtigen Verständnis dieser sechs Bereiche, auf die die Depression Einfluss nimmt, ist es wichtig zu untersuchen, was die verschiedenen Ursachen und Auslöser für eine Depression sein können. Die genaue Ursache eines Problems zu erkennen ist notwendig, um einen guten, biblischen Weg zu dessen Lösung zu finden. Da uns die Bibel zeigt, dass eine Depression durch viele verschiedene Dinge hervorgerufen werden kann, so muss die Lösung auf die Bedürfnisse des einzelnen Betroffenen „maßgeschneidert" passen.

In diesem Kapitel wollen wir zunächst die allgemeine Hauptursache der Depression aus der Sicht der Bibel betrachten. Anschließend werden wir drei spezielle Ursachen erläutern. Es müssen nicht immer alle drei dieser Ursachen im Leben eines Betroffenen zu finden sein, aber mindestens eine von ihnen wird immer mit im Spiel sein. In den Kapiteln vier und fünf wollen wir untersuchen, wie Gott an dieses Problem herangeht und wie unsere Kenntnisse über die depressive Person und ihre individuelle Situation uns helfen können, einen ganz persönlichen Plan zu erstellen, anhand dessen wir dem Menschen helfen können, seine Probleme zu überwinden.

Die allgemeine Ursache der Depression aus biblischer Sicht

Warum sind Depressionen zu einer so alltäglichen und üblichen Erfahrung für die Menschen auf dieser Welt geworden, und das sowohl heutzutage als auch zu früheren Zeiten? Was sind die theologischen Wurzeln der Depression? Wie ist es dazu gekommen, dass die Depression sich zu einer allzu menschlichen Erfahrung entwickelt hat? Wenn wir nun versuchen, diesen Fragen biblisch auf den Grund zu gehen, scheinen sich folgende Wahrheiten als Grundlage für die genaue Untersuchung aufzudrängen:

Erstens: *Die Erfahrung einer Depression – ganz gleich welcher Art (mild, mäßig oder massiv) – ist nur in einer gefallenen Welt möglich.* Vor dem Sündenfall, bevor die Sünde in Gottes Schöpfung und in das Herz des Menschen Eingang gefunden hatte, gab es rein gar nichts in der erschaffenen Welt oder in uns selber, was eine Depression hätte verursachen können. „Und Gott sah alles, was er gemacht hatte; und siehe, es war sehr gut." (1.Mo. 1,31) [s. a. 1.Mo. 3,1–24; Röm. 5,12–21; Röm 8,18–24]

Zweitens: *Depression ist die einzig logische und selbstverständlichste Folge eines Lebens ohne Gott.* Wenn ein Mensch an die Existenz des Gottes der Bibel glaubt, aber ihn nicht als Herrn und Heiland in seinem Leben anerkennt, so hat er allen Grund, depressiv zu sein. Wenn ein Mensch an die Existenz Gottes glaubt, aber nicht richtig versteht, wie Sünder gerechtfertigt werden können, oder wenn er nicht verstanden hat, wer und wie Gott ist, dann hat dieser Mensch ebenfalls allen Grund, depressiv zu sein.

Ein Mensch, der nicht glaubt, dass Gott existiert, hat guten Grund depressiv zu sein, da er keinen verbindlichen, festen Maßstab hat, um die Umstände des Lebens richtig einzuordnen; Wertvorstellungen werden relativiert und sämtliche Ereignisse werden vom „Zufall" bestimmt. Es gibt für sein Leben keinen Sinn, kann es auch nicht geben – und früher oder später stellt dieser Mensch das fest. Als natürliche und logische Folge bleibt einem vernünftig denkenden Menschen dann nichts anderes übrig, als in Depression zu fallen. „Darum gedenkt daran, dass ihr ... in jener Zeit ohne Christus wart ... *ihr hattet keine Hoffnung und wart ohne Gott in der Welt*" (Eph. 2,11–12). [s. a. Jes. 8,19–20; Röm. 1,18–32; Röm. 15,4.13; Tit. 1,2]

Drittens: *Da die Depression erst durch den Sündenfall möglich geworden ist, ist eine Befreiung davon erst durch das erlösende Werk in Jesus Christus (Rechtfertigung und Heiligung) und durch die Wiederherstellung durch den Heiligen Geist (der in uns die Wiedergeburt wirkt und an uns arbeitet) möglich.* Bei unserer Bekehrung werden wir zu neuen Geschöpfen durch Jesus Christus. Unsere Sünden sind uns vergeben, die Beziehung zu Gott ist wiederhergestellt und wir sind aus dem Herrschaftsbereich des Satans in das Reich Jesu Christi versetzt worden. Wir sind befreit von den Ketten der Sünde, wir haben das Recht, Gottes Kinder zu sein. Und wir haben eine ganz neue, richtige Sicht auf uns selbst, die Welt und unsere Zukunft.

Die Erneuerung des Geistes bewirkt in uns neue Wünsche, Trost, Sicherheit, Sinn, Lebensmut und einen hoffnungsvollen Blick in die Zukunft. Weil wir der Sünde gestorben sind und zu einem erneuerten Wandel auferweckt worden sind, genießen wir jede Art der geistlichen Segnungen der himmlischen Welt durch Jesus Christus. Und wir haben die Gewissheit, dass alles, was Gott in unserem Leben zulässt, uns zum Guten mitwirkt. [s. a. Röm. 6,1-23; Röm. 8,1-16.26-39; 1.Kor. 6,9-11; 2.Kor. 5,17; Eph. 3,1-23; Tit. 3,3-7]

Viertens: *Die Überwindung einer Depression (und anderen Folgen der Sünde) ist kein automatisches Ergebnis der Wiederherstellung und Vergebung bei unserer Bekehrung.* Ein echter Christ kann von einer mäßigen oder auch massiven Depression frei werden – aber das Erlangen und das Festigen dieser Freiheit geschieht nicht von selbst und nicht ohne Mühe.

Die Erlösung und die Wiederherstellung machen es uns möglich, mit den Versuchungen zurecht zu kommen und im Kampf gegen die Sünde zu bestehen. Kraft der Erlösung kann ein Christ sämtliche Mittel im Kampf gegen die Sünde anwenden und das Bewusstsein haben, dass Gott ihm in diesem Kampf beisteht. Und doch steht der Christ in der Verantwortung, seinen Willen darin zu üben, die ihm zur Verfügung stehenden Mittel treu zu seinem Vorteil zu gebrauchen. [s.a. 2.Kor. 4,1-18; Eph. 4,22-24; Phil. 2,3-8.12-13; 4,8; Hebr. 12,1-4; Jak. 1,2-5]

Fünftens: *Wir alle stehen in ständiger Auseinandersetzung mit der in uns wohnenden Sünde, daher stehen auch Christen in der Gefahr, in jede der drei Arten von Depressionen zu fallen.* Niemand von uns hat den alten Menschen, der gänzlich von der Sünde durchtränkt ist, völlig und endgültig abgelegt; und niemand von uns hat den neuen Menschen, der uns in aller Rechtschaffenheit und Heiligkeit gegeben worden ist, völlig und allumfassend angezogen. Bis zur Wiederkunft Christi, wenn wir gänzlich und für alle Ewigkeit in sein Ebenbild verwandelt werden, werden wir gegen die Sünde in allen ihren Farben, Formen und Facetten zu kämpfen haben.

So lange wir in dieser sündigen Welt leben, werden wir mit schwierigen Lebenslagen und sündigen Menschen umzugehen haben; und wir werden von dem Wirken Satans und seiner Dämonen bedrängt. Diese Tatsachen tragen dazu bei, dass eine Depression *durchaus* auch bei denen vorkommen kann, die Jesus als ihren Herrn und Heiland aufgenommen haben. [s.a. Röm. 6,10-19; Gal. 5,16-21; Eph. 2,1-3; 6,10-18; Kol. 3,1-17; Jak. 1,13-16; 1.Pe. 2,1.11-12; 5,8]

Sechstens: *Christen dürfen sich auf eine Zukunft in völliger und ewiger Erlösung von allen Sünden und jeglichen Problemen – natürlich auch von allen Arten der Depression – freuen.* Im Himmel wird es keine Art von Depression mehr geben und auch nicht die Gefahr, in eine Depression zu geraten. Alle Faktoren auf der Erde, die irgendwie Depressionen zur Folge haben können, werden im Himmel beseitigt sein. Die Offenbarung beschreibt uns den Himmel wie folgt:

„Darum sind sie vor dem Thron Gottes und dienen
ihm Tag und Nacht in seinem Tempel; und der auf
dem Thron sitzt, wird sein Zelt aufschlagen über ihnen.

Und sie werden nicht mehr hungern und nicht mehr
dürsten; auch wird sie die Sonne nicht treffen noch
irgendeine Hitze; denn das Lamm, das inmitten des
Thrones ist, wird sie weiden und sie leiten zu lebendigen
Wasserquellen, *und Gott wird abwischen alle Tränen von
ihren Augen.*" (Offb. 7,15-17)

„Und Gott wird abwischen alle Tränen von ihren Augen,
und der Tod wird nicht mehr sein, weder Leid noch
Geschrei noch Schmerz wird mehr sein; denn das Erste
ist vergangen. Und der auf dem Thron saß, sprach: Siehe,
ich mache alles neu!" (Offb. 21,4-5)

„Und es wird keinen Fluch mehr geben; und der Thron
Gottes und des Lammes wird in ihr sein, und seine
Knechte werden ihm dienen; und sie werden sein
Angesicht sehen, und sein Name wird auf ihren Stirnen
sein. Und es wird dort keine Nacht mehr geben, und
sie bedürfen nicht eines Leuchters, noch des Lichtes
der Sonne, denn Gott, der Herr, erleuchtet sie; und sie
werden herrschen von Ewigkeit zu Ewigkeit." (Offb.
22,3-5)

In seinem Buch *The Glory of Heaven* erklärt John MacArthur,
dass für die Christen einmal eine Zeit anbrechen wird, in der weder
Polizei noch militärische Streitkräfte nötig sein werden, weil es keine
Verbrecher, keine Mörder oder Diebe geben wird. Es wird keine
niederträchtigen, gewalttätigen, beleidigenden oder selbstsüchtigen
Menschen geben. Der Fluch, der durch die Sünde in die Welt kam,
wird mit all seinen schmerzhaften und abscheulichen Auswirkungen
für immer überwunden und ausgelöscht werden. Schmerz, plagende
Mühe, Schweiß, Dornen, Seuchen, Sorgen und Sünden werden um
keinen Preis der Welt Einlass in den Himmel erhalten.

Zu dieser Zeit wird die Natur und Umwelt, in der wir uns befinden
werden, die beste sein, die wir uns je erträumen können. Es wird
keine Dornen oder Disteln geben, keine Erdbeben, Wirbelstürme,

Dürren oder Überschwemmungen. Alle diese Furcht erregenden und uns bedrückenden Dinge werden vergessen sein. Kein Gebrechen irgendeiner Art (geistlich, körperlich, gefühlsmäßig, seelisch, verstandesmäßig, mental) wird bei den Gläubigen zu finden sein. Was wir im Himmel genießen werden, wird vollkommenes Wohlgefallen, vollkommene Erkenntnis, vollkommene Zufriedenheit, vollkommene Liebe und Freude, vollkommene Beziehung und Nachfolge mit und für Gott sein.

Mit anderen Worten: Wir Christen können uns auf eine Zeit freuen, in der jeglicher Umstand, der uns in eine Depression versetzen könnte, für immer weggetan sein wird. Das ist das großartige Versprechen Gottes an seine Kinder. Zur Zeit jedoch können sowohl Gläubige als auch Ungläubige wegen der noch herrschenden Sünde in Depressionen fallen. [Mehr über die zukünftige Herrlichkeit ist in folgenden Versen nachzulesen: Jes. 65,17-19; 1.Kor. 15,51-53; Phil. 3,20-21; 2.Pe. 3,13; 1.Joh. 3,2; Offb. 20,10; 21,8.27.]

Drei spezielle Ursachen einer Depression

Ein genaues Studium verschiedener biblischer Beispiele zeigt, dass eine Depression aus einer von drei Ursachen entspringt (oder auch aus einem Zusammenspiel der drei Ursachen). Diese drei besonderen Ursachen sind erstens die Weigerung, sich mit Sünde und Schuld auseinander zu setzen, zweitens der falsche Umgang mit einer belastenden Erfahrung und drittens die Anwendung von unbiblischen Maßstäben und Werten. Wir wollen nun jede einzelne Ursache sorgsam betrachten.

1. Ursache: Die Weigerung, sich mit Sünde und Schuld auseinander zu setzen

Eine Depression kann die Folge von ungeklärter Sünde und Schuld im Leben eines Menschen sein. Oft verläuft der Weg in diese Art der Depression etwa wie folgt:

1. *Eine Sünde wird begangen.* Es gibt grundsätzlich zwei Arten zu sündigen: Wir sind ungehorsam und tun nicht das, was Gott von uns verlangt; oder aber wir tun etwas, was Gott verboten hat zu tun.

2. *Unser Gewissen oder andere Menschen klagen uns wegen der Sünde an.* Wenn wir gesündigt haben, fängt unser Gewissen an, uns für das, was wir getan haben, anzuklagen (Röm. 2,14-15). Oder aber jemand in unserem Umfeld weist uns auf unsere Sünde hin.

3. *Wir empfinden Schuld und inneren Kummer über unseren Fehler.* Auf Grund der Anklage durch unser Gewissen oder durch andere Menschen verurteilen wir uns selbst und sind bekümmert über unsere Schuld.

4. *Wir zögern das Bekennen und die Reue über die Sünde hinaus.* Es kann passieren, dass diese Empfindungen von Schuld und Kummer dazu führen, dass wir es versäumen, in richtiger Weise auf Sünde zu reagieren. Das Versäumnis, die Sünde auszuräumen, führt dazu, dass wir unentwegt über unser Fehlverhalten, die Anklage unseres Fehlverhaltens und darüber, dass wir selbst nichts dagegen getan haben, nachdenken.

5. *Die immerzu wachsende Schuld und der Kummer – bewirkt durch unser Gewissen – führen am Ende in eine Depression.* Wenn wir ständig über unsere Sünde nachdenken und die Mahnungen unseres Gewissens, richtig mit der Sünde umzugehen (Röm. 2,14-15), missachten, dann werden wir schließlich depressiv.

Die folgenden zwei Schaubilder stellen die Entwicklung dieser Art der Depression dar:

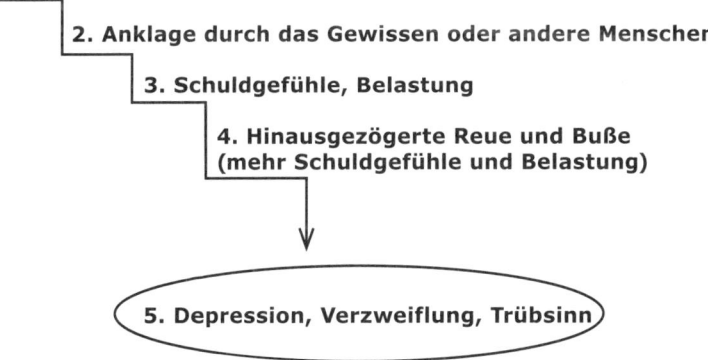

1. Sünde, Versagen, Ungehorsam

2. Anklage durch das Gewissen oder andere Menschen

3. Schuldgefühle, Belastung

4. Hinausgezögerte Reue und Buße (mehr Schuldgefühle und Belastung)

5. Depression, Verzweiflung, Trübsinn

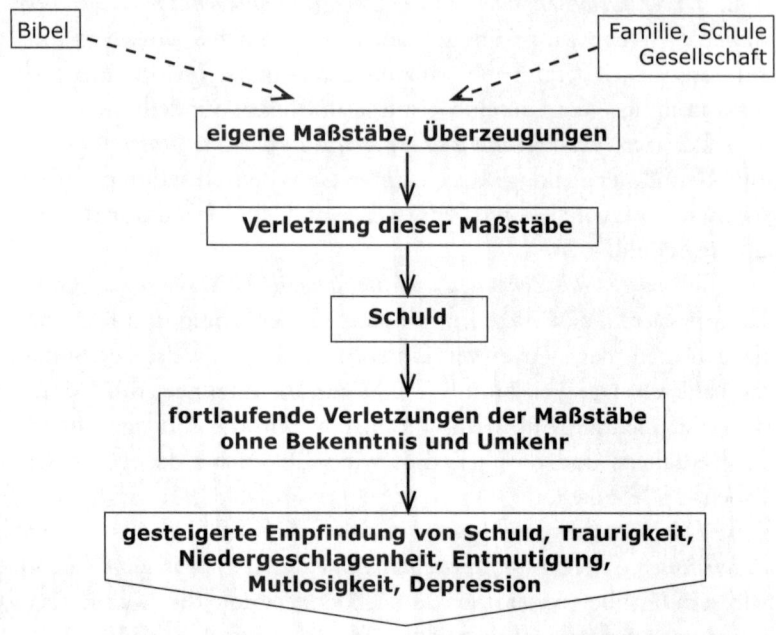

Genau das war die vorrangige Ursache für Kains Depression in 1. Mose 4. Indem Kain Gott ein unwürdiges Opfer darbrachte, war er ungehorsam. Er opferte etwas von den Erträgen der Erde, wobei Gott unmissverständlich gesagt hatte, dass für ein Opfer Blut fließen müsse. (Diese Tatsache ist in 1. Mose 4 zwar nicht erwähnt, es wird aber sonst in der Schrift deutlich, dass Vergebung der Sünden nur durch Blutvergießen geschehen kann.) Wir können mit Sicherheit sagen, dass Kain nicht *das Beste* opferte, da die Bibel uns sagt: „... aber Kain *und sein Opfer* sah er nicht an. Da wurde Kain sehr wütend, und *sein Angesicht senkte sich.*" (4,5)

Es scheint, dass Kains eigenes Gewissen ihn für die begangene Sünde tadelt, auch wenn es nicht direkt erwähnt wird. Adam und Eva, die Eltern Kains, wussten nur zu gut, was für verheerende Folgen der Ungehorsam gegenüber Gott mit sich bringt, und wir können davon ausgehen, dass sie ihre Kinder gelehrt haben, was sie selbst auf unsagbar schmerzliche Weise lernen mussten. Nach dem Sündenfall im Garten Eden machte Gott Adam und Eva Kleider aus Fell. Und das ist das erste Beispiel in der Schrift, dass zur Vergebung der Sünde Blut fließen muss. Daher wusste Kain sehr gut, dass Gott ein Tier als Opfer haben wollte.

Unabhängig davon, ob ihn sein Gewissen zurechtwies oder nicht, Gott selber tat es. In den Versen 6 und 7 lesen wir, wie Gott zu Kain sagt: „Warum bist du so wütend, und warum senkt sich dein Angesicht? Ist es nicht so: Wenn du Gutes tust, so darfst du dein Haupt erheben? Wenn du aber nicht Gutes tust, so lauert die Sünde vor der Tür, und ihr Verlangen ist auf dich gerichtet; du aber sollst über sie herrschen." (4,6-7) Gott wies Kain darauf hin, dass er im Gehorsam leben sollte, um seine Depression zu überwinden und das Verhältnis zu Gott zu klären. Gott zeigte ihm auch, was passiert, wenn er nicht im Gehorsam wandelt.

Wie wir wissen, wählte Kain den Weg des Ungehorsams, der ihn in noch größere Sünde und Depression sinken ließ. Nachdem er seinen Bruder getötet und Gott ihn erneut verdammt hatte, rief er aus: „Meine Strafe ist zu groß, als dass ich sie tragen könnte! Siehe, du vertreibst mich heute vom Erdboden, und ich muss mich vor deinem Angesicht verbergen und ruhelos und flüchtig sein auf der Erde. Und es wird geschehen, dass mich totschlägt, wer mich findet." (4,13-14) Kains Sünde und die fehlende Bereitschaft, sich in richtiger Weise mit ihr auseinander zu setzen, führten ihn in Verzweiflung über sein Leben.

Auch David schlug den gleichen Weg in die Depression ein. Im vorigen Kapitel haben wir uns den 32. Psalm angeschaut, in dem David seine Erfahrungen in der Depression beschreibt. Er sagt: *„Als ich es verschwieg,* da verfielen meine Gebeine durch mein Gestöhn den ganzen Tag." (32,3) Viele Bibellehrer glauben, dass es die Sünde des Ehebruchs war, auf die David ungefähr ein Jahr lang nicht bereit war, in rechter Weise zu reagieren. Nachdem er mit Batseba Ehebruch begangen hatte, ließ er ihren Ehemann Uria auf dem Schlachtfeld umkommen, so dass niemand Verdacht über die begangene Sünde schöpfen konnte (2.Sam. 11).

Während der Zeit der Schuld und Vertuschung durchlebte David auf Grund der Anklage seines eigenen Gewissens und weil er, zumindest eine Zeit lang, keine Reue und Buße tat, heftige Qualen und Depressionen. Seine Depression war direkt mit der Sünde und der fehlenden Bereitschaft, richtig mit ihr umzugehen, verbunden. Psalm 32 zeigt, dass David zuletzt doch seine Sünde bereute, Vergebung und Befreiung von Schuld und einen erneuerten Sinn für die Freude im Herrn empfing (Ps. 32,5-11).

Dieselbe Erfahrung machte auch Judas, der Jünger, der Jesus verriet. Die Bibel zeigt uns in Matthäus 27: „Als nun Judas, der ihn verraten hatte, sah, dass er verurteilt war, *reute es ihn; ...*" (V. 3). Judas' Gewissen verurteilte ihn, er empfand Schuld. Aber anstatt seine Sünde zu bekennen und zu bereuen, zeigt uns die Bibel, dass er es versäumte, sich angemessen mit der Sünde auseinander zu setzen. Er geriet in so heftige Verzweiflung, dass er sich das Leben nahm (V. 5). Noch einmal: Depression ist eine Folge der Sünde und der fehlenden Bereitschaft, in angemessener Weise mit dieser umzugehen.

Ich führte ein seelsorgerisches Gespräch mit einer Frau, die mit ihrem Mann zu mir kam. Im Gespräch erklärte sie mir, dass ein ungläubiger Psychologe bei ihr im Alter von zwölf Jahren eine „katatone Schizophrenie" festgestellt hatte und dass sie einige Selbstmordversuche hinter sich hatte. Zum Zeitpunkt unseres Gesprächs war sie 25 Jahre alt und kämpfte bereits 13 Jahre lang gegen Depressionen. Zu dem Zeitpunkt hatten die Ärzte die Gesprächstherapie beendet und die einzige weitere „Behandlung" bestand nur noch darin, ihr verschiedene Antidepressiva-Medikamente zu verschreiben.

Während unseres Gesprächs zu dritt fand ich heraus, dass diese Frau als junges Mädchen und auch als junge Ehefrau sexuell sehr freizügig gelebt hatte. Ihr Ehemann wertete dieses Verhalten einfach als Folge ihrer „Krankheit", indem er meinte, sie sei dadurch „nicht zurechnungsfähig". Ich eröffnete ihm schließlich die Tatsache, dass die Bibel ihr Verhalten als Sünde bezeichnete – und nicht als Krankheit.

Nachdem ich das klar gestellt hatte, wandte ich mich an seine Frau und fragte, ob *sie selbst* dachte, dass sie für ihr Handeln verantwortlich sei. Als sie das bejahte, empfahl ich ihr, mit ihrem Fehlverhalten so umzugehen, wie Gott es verlangt – die Sünde als Sünde (und nichts anderes) darzustellen, sie zu bekennen und um Vergebung zu bitten. An diesem Tag bat sie Gott in meinem Büro um Vergebung – und das war der Beginn einer echten Wende in ihrem Leben.

Genau so wird heute oft versucht, uns weiszumachen, dass unser Fehlverhalten eine Folge von Krankheit sei, nicht von Sünde. Ärzte können Krankheiten behandeln, aber gegen die Sünde haben sie keine Medikamente. Nur Jesus kann Sünde in richtiger Art und Weise behandeln. Aber während die Vergebung der Sünden mit sofortiger Wirkung geschieht, bedarf die Heilung von den Folgen der Sünde häufig Zeit. Die Gesinnung und das Verhalten der eben erwähnten Frau war nicht im Handumdrehen mit dem Tag ihrer Bekehrung zu Jesus verwandelt, aber der Prozess der Erneuerung hatte begonnen. Über einen gewissen Zeitraum arbeiteten wir gemeinsam an ihren Gewohnheiten und Vorstellungen. Mit der Zeit verflüchtigte sich ihre Depression und sie wurde ein neuer Mensch in Christus.

Eine andere Frau, die ich seelsorgerisch betreute, war auch bei einem ungläubigen Psychologen in Behandlung und hatte drei Selbstmordversuche hinter sich. Die „Behandlung" beinhaltete eine Elektroschock-Therapie, was zu einem erheblichen Gedächtnisverlust führte. Ein gläubiger Arzt, den sie kennen lernte, hat sie dann ermutigt, sich einer geistlich-biblischen Seelsorge zu unterziehen. Bei mir in der Sprechstunde befragte ich sie dann nach ihren Beziehungen – zu ihrem Mann, den Kindern und Eltern.

Als wir die vielen verschiedenen Lebensbereiche beleuchtet und durchgesprochen hatten, stellten wir fest, dass sie in keinem der Bereiche einen christlichen Lebensstil an den Tag legte. Ich führte sie an das Wort Gottes heran und zeigte ihr den Zusammenhang zwischen unserem Scheitern (Sünde) und unseren Gefühlen (Schuld). Dieser Zusammenhang war ihr völlig neu! Als sie erkannte und bestätigte, dass ihr Scheitern und ihre Gefühle sie fest im Griff hatten, verstand sie, dass sie niedergeschlagen und depressiv war, weil sie in Sünde lebte und sich deswegen schuldig fühlte.

Diese Wahrheit gilt allen Gläubigen – ob sie Depressionen haben oder nicht. Wir können uns nicht gut fühlen, wenn wir von unserer Sünde angeklagt werden. Wenn wir uns unseren Ehepartnern, Kindern, Eltern oder anderen Menschen nicht in einer Gott wohlgefälligen Art und Weise anvertrauen, werden wir eine gewisse Art von Sorge und Schuld immer mit uns herumschleppen. Wenn wir unseren Pflichten nicht nachkommen, werden wir Kummer und Schuldgefühle haben. Der einzige Weg, von diesem Leiden und der Schuld loszukommen und wahre Freude zu erleben, ist die tägliche Bitte um Vergebung und das Leben im Gehorsam dem Wort Gottes gegenüber.

2. Ursache: Falscher Umgang mit einer belastenden Erfahrung

Eine Depression kann eine Folge des falschen Umgangs mit einer schweren oder unerfreulichen Situation sein. Allzu oft, wenn Probleme auftreten oder wir Enttäuschungen erleben, neigen wir dazu, uns auf diese unangenehmen Dinge in und um uns zu konzentrieren. Wir spielen sie gedanklich immer und immer wieder durch, bis sie zu unserem ständigen Gedankengut werden. Oder wir hören auf unsere „Freunde", die uns bemitleiden und versuchen, uns deutlich zu machen, wie schrecklich und unerträglich unsere derzeitige Lage doch sei. Damit bestärken sie nur unser Grübeln darüber und unser Selbstmitleid. Wir werden dadurch zu „praktizierenden Atheisten", die denken, fühlen und handeln, als wenn Gott nicht da sei; oder zumindest „praktizierende Deisten", die meinen, Gott sei zwar da, kümmere sich aber nicht um uns. Obwohl wir an Gott und seine vollkommene Liebe, Weisheit, Souveränität und Güte glauben, verneinen wir ihn mit der Art und Weise, wie wir mit unseren Schwierigkeiten umgehen.

Beim genauen Studieren der Schrift stoßen wir auf einige Beispiele für Depressionen, die aus einer verkehrten Reaktion auf einen schwierigen Umstand entstanden sind. In 4. Mose 11 steht Mose ständig in der Kritik des Volkes. In Folge dessen fällt er in tiefe Verzweiflung. Moses Verzweiflung zeigt sich deutlich, als er Gott darum bittet, ihn sowohl von seiner Verantwortung und Leitung des Volkes als auch von seinem Leben zu befreien. „Ich kann dieses ganze Volk nicht allein tragen; denn es ist mir zu schwer. Und wenn du so an mir handeln willst, so töte mich auf der Stelle…" (11,14-15)

Genauso hat Elia falsch auf einen seiner Lebensumstände reagiert und wurde depressiv. In 1. Könige 18 wird Elia Zeuge davon, wie Gott Feuer vom Himmel fallen lässt und das völlig durchnässte Opfertier verzehrt. Das versammelte Volk, 450 Baal-Priester, 400 Propheten der Aschera und der König Ahab haben das alles ebenfalls aus nächster Nähe gesehen. Elia erwartete wahrscheinlich, dass das Volk nach diesem großen und wunderbaren Ereignis zu dem wahren Gott umkehrt. Aber das Gegenteil trat ein: Ahab erzählte seiner Frau Isebel alles, was sich ereignet hatte (die Tötung der falschen Propheten eingeschlossen), und sie sandte sofort folgende Botschaft an Elia: „Die Götter sollen mir dies und das tun, wenn ich morgen um diese Zeit mit deinem Leben nicht so verfahre wie du mit ihrem Leben!" (1.Kön. 19,2)

Das war bestimmt nicht die Antwort, die Elia zu hören erhofft hatte. Enttäuschung und Ernüchterung folgten auf diesen unerwarteten Ausgang der Ereignisse. Und so lief er in die öde Wildnis, um – wie er meinte – dem sicheren Tod durch die Hand Isebels zu entgehen. Unter einem Strauch brach er schließlich zusammen und bat Gott, ihn sterben zu lassen. Anstatt Gott um Weisung, Schutz und Hilfe zu bitten, verließ Elia sich auf seinen eigenen Verstand (Spr. 3,5-6). Seine falsche Einschätzung der Geschehnisse führte zu einer Reaktion, die Gott nicht gefällt – und diese Reaktion mündete direkt in eine Depression.

Die folgenden Abbildungen veranschaulichen, wie sich diese Art der Depression entwickelt. Jede Abbildung zeigt den steilen Weg hinab in diese Art der Depression, die durch eine unbiblische Reaktion auf schwere Erfahrungen des Lebens begünstigt wird:

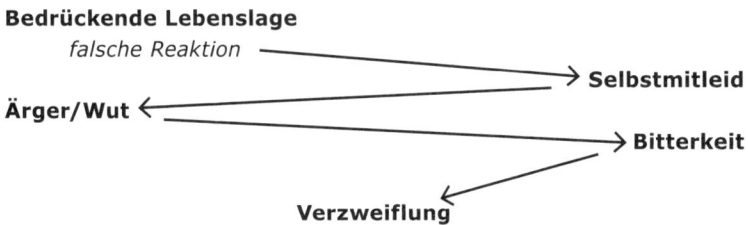

Bedrückende Lebenslage
    falsche Reaktion   **Selbstmitleid**
Ärger/Wut   **Bitterkeit**
          Verzweiflung

Die zweite Abbildung verdeutlicht, was im Inneren eines Menschen passiert, wenn eine schwere Situation auf falsche Art und Weise angegangen wird:

Depressionen können sehr ernst, schwer wiegend, schmerzhaft und lebensbestimmend sein.

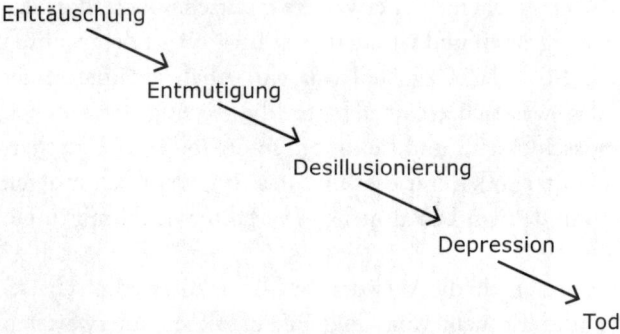

Die dritte Abbildung zeigt den Abwärtstrend, der innerlich und im Verhalten der Betroffenen einsetzt, wenn diese in einer unbiblischen Art und Weise auf den Druck der schwierigen Lebensumstände reagieren:

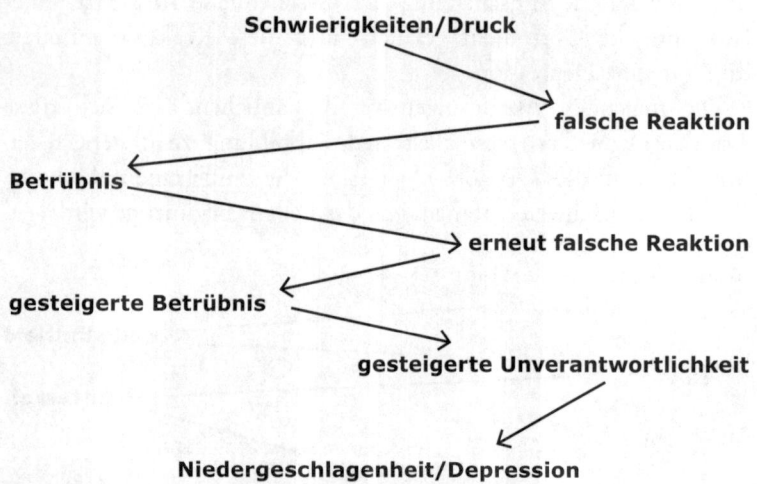

Schwierigkeiten und Umstände, die in eine Depression führen können

Es gibt viele missliche Lebenslagen, die in eine Depression führen können, wenn wir verkehrt (bzw. unbiblisch) darauf reagieren. So kann beispielsweise der Tod eines geliebten Menschen, zum Beispiel des Ehepartners, ein Ereignis sein, das die Depression auslöst. Meine Schwiegereltern waren 50 Jahre verheiratet als mein Schwiegervater starb. 50 Jahre lang hat meine Schwiegermutter nahezu jeden Tag mit ihrem Mann verbracht und jede nur erdenkliche Situation mit ihm gemeinsam durchlebt. Keine Frage, dass der Verlust ihres Mannes ein wahrhaft unglaublich schwerer Umstand für sie war. Es wäre nicht verwunderlich, wenn sie nach diesem Verlust einer ihr so wichtigen Person in eine Depression gefallen wäre.

Eine unheilbare Krankheit kann ebenfalls der Auslöser einer Depression werden. Ob es sich dabei um die eigene Krankheit oder um die einer uns nahe stehenden Person geht, ist völlig egal – kaputt macht es uns in jedem Fall. Manchmal werden Mütter depressiv, wenn die Kinder zum ersten Mal das Haus für längere Zeit verlassen, sei es, um zu studieren, wegen der Arbeitsstelle oder weil sie heiraten. Der Verlust des Arbeitsplatzes kann ebenso ein Umstand sein, der zu einer Depression führt.

Ein größerer Umzug kann genauso ein Auslöser für eine Depression sein. Ich sprach mit einem älteren Paar, das wegen finanziellen Schwierigkeiten gezwungen war, umzuziehen. Sie haben ihre gewohnte Umgebung verlassen müssen, in der sie ihr gesamtes bisheriges Leben verbracht hatten. Die Depression, in die sie beide fielen, war eine Folge des Umzugs. Sie hatten Freunde, Familie und Verwandte verlassen, denen sie und die ihnen lieb und teuer waren. Und sie hatten das Haus verlassen, in dem sie ihre Kinder aufgezogen hatten. Sie plagten sich zwei Jahre lang mit ihren Depressionen, bevor sie in die Seelsorge kamen.

Ein schlimmer Unfall oder eine Ehescheidung sind ebenfalls schwere Situationen, die in eine Depression führen können. Manchmal kann anhaltende Kritik des Ehepartners beim Gegenüber eine Depression auslösen. Der Ruhestand kann Ursache einer Depression sein, weil der Rentner sich nun unnütz, von der Umgebung abgeschnitten und unbrauchbar fühlt. Junge Menschen können auf Grund von Misserfolgen in der Schule, beim Nichtzustandekommen oder Beenden einer Beziehung oder beim Zerplatzen ihrer Träume depressiv werden.

Ich kannte einen jungen Mann mit Hochschulreife, der den ganzen Tag im Sessel saß und nichts anderes tat, als vor sich hin zu starren. In seinem jungen Alter war er schon schwerhörig. Er stand oft abseits von irgendwelchen Gruppen, da er Schwierigkeiten hatte, an einer Unterhaltung teilzunehmen. Dazu war er etwas tapsig und ohne sportliches, musikalisches oder künstlerisches Talent. In Folge dessen war er der Meinung, dass ihn keiner mochte und niemand ihn annahm, wie er war.

Seine Mutter sagte mir, dass eine Ursache dieser Depression darin bestand, dass er das College nicht mit den Ehrungen abgeschlossen hatte, die er sich erhofft hatte. Aufgrund der vielen Enttäuschungen und Schwierigkeiten in seinen jungen Jahren hatte er sich Erfolg und Anerkennung durch seine schulischen Lernleistungen erhofft. Obwohl er einen durchaus guten Abschluss erreichte, war die Tatsache, keine besondere Auszeichnung für außerordentliche Leistungen erhalten zu haben, ein Beitrag dazu, in jungen Jahren in Depression zu fallen.

Manchmal führt das Gefühl, von Aufgaben und Herausforderungen überwältigt zu werden, zu Depressionen. In 5. Mose 1,28-29 lesen wir, wie das Volk sich verhält, als es in das Land Kanaan einziehen soll. Kundschafter wurden ausgesandt, um das Land und die Gegebenheiten zu erforschen. Der Großteil der Kundschafter erzählt bei der Rückkehr von den Riesen, die sie gesehen hatten. Als das Volk das hört, entweicht ihnen jeglicher Mut, weil sie glauben, Gott verlange zu viel von ihnen. „Unsere Brüder haben unser Herz verzagt gemacht, indem sie sagten: Das Volk ist größer und höher gewachsen als wir, die Städte sind groß und bis an den Himmel befestigt..." (1,28).

Im ersten Kapitel habe ich kurz dargelegt, wie es mir erging, als ich 1968 selbst durch eine ernste Phase der Depression ging. Während dieser Zeit traten bei mir viele Dinge und Eigenschaften zu Tage, die ich als mäßige Depression bezeichne und einige von denen, die der massiven Kategorie zuzuordnen sind. Das geschah, als sich einige sehr unangenehme Ereignisse gleichzeitig in meinem Dienst ereigneten. Viele Jahre meines Lebens widmete ich der Vorbereitung auf einen vollzeitlichen Gemeindedienst, den ich später tatsächlich aufnehmen durfte. Am Anfang lief alles auch ganz gut in der Gemeinde, der ich als Ältester diente. Aber dann wurden Stimmen des Widerstands und der Kritik laut, die ich selber als völlig unangebracht und ungerechtfertigt empfand. Es entstanden einzelne Grüppchen in der Gemeinde – die einen waren „für Mack", die anderen „gegen Mack" eingestellt.

Jeden Sonntag, an dem ich predigte, sah ich in ergebene Gesichter, die mir und meinem Dienst ganz zugetan waren. Aber nach dem Gottesdienst begegnete ich Menschen vor der Kirche, die nur darauf aus waren, mich während der Woche zu beobachten und bis ins Kleinste auseinander zu nehmen, was ich getan oder nicht getan hatte – oder womit sie während des Gottesdienstes nicht einverstanden waren. Als das so im Gange war und sich häufig wiederholte, wurde ich zunehmend besorgt über die Gemeinde. Was würde aus mir und meiner Familie werden? Was sollte ich tun? Sollte ich bleiben oder die Gemeinde verlassen? Wenn ich ginge, wo sollte ich meinen Dienst aufnehmen? Wie könnte ich meine Familie versorgen? Was würde aus den Leuten werden, die meinen Dienst befürworteten und ganz meiner Meinung über die biblische Lehre und die Art und Weise des Dienstes für die Gemeinde waren? Für mich wurde diese Zeit eine der schwierigsten in meinem Leben. Ich schleppte mich mit einem schweren Herzen herum. Ich hätte sofort losweinen können – und tat es zuweilen auch. Ich war in Sorge. Ich war sehr schnell wütend und gereizt. Ich verlor den Eifer und die Begeisterung für meine Arbeit. Ich hatte mich völlig in den Dienst gestellt und nun sah für mich als jungen Pastor die Zukunft dieses Dienstes alles andere als rosig aus.

Was passierte da mit mir? Ich ging falsch mit einer Lebenslage um. Ich habe das Wort Gottes nicht reichlich in mir wohnen lassen (Kol. 3,16). Ich vertraute nicht auf die vielen Verheißungen, Stellen und Beispiele in Gottes Wort, die sich auf solch eine Situation beziehen. Ich hätte Römer 8,28-29 und 1. Korinther 10,13 und

Jakobus 1,2-5 und Hiob 23,10 und 2. Korinther 9,8 und Psalm 55,23 und eine Vielzahl anderer Schriftstellen anführen können, die gerade über solche Situationen sprechen, in der ich gerade steckte. Aber Verse aufsagen können oder ihnen wirklich Glauben schenken, sind wahrhaftig zwei verschiedene Paar Schuhe! Die Brille, mit der ich meine eigenen Umstände betrachtete, war die des „eigenen Verständnisses", nicht die des Wortes Gottes. Ich hielt meine Vorstellungen und jeden Gedanken, der der Erkenntnis Gottes entgegenstand, nicht nieder. Ich nahm nicht jeden Gedanken gefangen, um ihn Christus gegenüber gehorsam zu machen (2.Kor. 10,4-5). Und so war die Folge meines falschen Umgangs mit dieser schmerzlichen und unangenehmen Lebenslage eine ausgiebige Depressionsphase.

Das war 1968 und dieses Buch schreibe ich knapp 40 Jahre später. Ich kann aufrichtig zur Ehre Gottes sagen, dass er mich von dieser Depression geheilt hat. Und obwohl ich seitdem so einige harte Zeiten durchmachen musste, bin ich nie wieder in ein so tiefes Loch einer Depression geraten wie damals im Jahr 1968. Was hatte mir denn nun geholfen, jene Depression zu überwinden und weitere dieser Art seitdem zu unterbinden? Es waren die Punkte, die ich in den Kapiteln fünf und sechs näher erläutern werde. Ich bin zutiefst davon überzeugt, dass die Dinge, die ich dort erkläre, hilfreich und erfolgversprechend sind, weil sie auf dem gegründet sind, was Gott uns in seinem Wort mitgeteilt hat – und er kann nicht lügen – und weil die Vorgehensweisen, die dort behandelt werden, schon vielen anderen geholfen haben, ihre Depressionen zu überwinden.

Den Anlass von der Ursache trennen

Wir haben einige der möglichen Beispiele für bedrückende Ereignisse oder Umstände im Leben einzelner Menschen beschrieben, die ihnen einen Anlass gaben, in eine Depression zu fallen. Jetzt ist es aber wichtig festzuhalten, dass keiner dieser Umstände *die Ursache* für die Depression war. Es waren zwar alles Anlässe dafür, *aber nicht die Ursachen* der Depression. Die Ursache für eine Depression ist die *Reaktion* der betroffenen Person auf den Anlass, nicht der Anlass selbst.

Den Beginn einer Depression bildet oft das Gefühl, in einer schwierigen Lage oder in einem Umstand festzustecken und hilflos zu sein. Da sind zum Beispiel Frauen, die gerne an ihrer Ehe arbeiten und diese verbessern wollen, aber von Seiten der Männer erfahren sie keinerlei Zusammenarbeit, geschweige denn Eigeninitiative. Einige Ehepaare arbeiten daran, ihre Kinder zu Christus hin zu führen, aber nach Jahren des Gebets und der Unterweisung sehen sie keine einzige Knospe geistlicher Frucht im Leben ihrer Kinder. Da wollen Männer eine besser bezahlte Arbeitsstelle aufnehmen, damit sie ihre Familie angemessener versorgen können, aber die Bemühungen, aufzusteigen oder eine solche Stelle zu finden, gleichen dann oft einem Kampf gegen Windmühlen. Sie fühlen sich in ihrer Situation gefangen und geraten ins Sorgen und Grübeln über die Zukunft. Alle diese Gefühle der Hilflosigkeit können in einer Depression enden.

Aber es gibt genauso viele Menschen in dieser Welt, die diese Umstände durchlebt haben, und dabei *nicht* depressiv geworden sind. Meine Schwiegermutter ist ein Beispiel dafür: Obwohl sie ihren Mann von ganzem Herzen geliebt hat, verfiel sie nach seinem Tod nicht der Niedergeschlagenheit und Trübsinnigkeit. Ein Ereignis, wie der Tod eines geliebten Menschen, kann verschiedene Auswirkungen auf das Leben der Betroffenen haben; entscheidend, ob man in eine Depression fällt oder nicht, *ist der Umgang mit dem Ereignis* – und nicht das Ereignis an sich.

Man könnte die Reaktion eines Menschen auf seine schwierige Situation folgendermaßen darstellen:

EREIGNIS   +   DEUTUNG   =   REAKTION

Wenn ein Mensch eine schwierige Lebenssituation durchlebt und diese aus *biblischer* Sicht deutet, dann ist er auch in der Lage, *biblisch* darauf zu reagieren. Die biblische Reaktion führt dann zu geistlichem Wachstum und Leben. Wenn aber der Mensch eine belastende Situation erlebt und diese von der unbiblischen Sicht her deutet und beurteilt – indem er sich auf eigene Weisheit oder die Weisheit dieser Welt verlässt – wird er auf unbiblische Art und Weise auf diese Lebenslage reagieren. Dieser unbiblische Umgang kann zu vielen verschieden Problemen führen, auch zu einer Depression.

Es ist wichtig, die Tatsache anzuerkennen, dass die Art, wie ein Mensch ein Ereignis deutet und wie er darauf reagiert, darüber entscheidet, welchen Ausgang das Ereignis in seinem Leben haben wird. Viele Frauen haben ihre Ehemänner verloren und sind daraufhin depressiv geworden. Würde man sie danach fragen, so würden die meisten wohl sagen, dass die Depression eine Folge des Verlustes ihrer Ehemänner sei – aber das ist im Grunde nicht richtig. Tatsächlich ist die Depression eine Folge der unbiblischen Deutung und des falschen Umgangs mit diesem Ereignis.

Einmal kam eine Frau zu mir in die Seelsorge, deren Mann nach vielen gemeinsamen Ehejahren gestorben war. Während des Gesprächs bemerkte ich, welche Deutungen und Reaktionen ihrer Depression zu Grunde lagen. Zum Teil war sie niedergeschlagen, weil sie sich schuldig fühlte, eine schlechte Ehefrau gewesen zu sein. Sie gestand mir, dass sie ihren Ehemann angeschrien, ihn nicht unterstützt oder geistlich ermutigt hatte. Da sie nun nach seinem Tod nichts von all dem mehr ändern konnte, plagten sie heftige Schuldgefühle. Diese Schuld war die Ursache für ihre Depression.

In Psalm 37,8 heißt es: „… erzürne dich nicht! Es entsteht nur Böses daraus." Wenn man sich über etwas erzürnt, bedeutet das, dass man etwas immer und immer wieder gedanklich durchspielt und sich auf die negativen Seiten der jeweiligen Situation konzentriert. Wenn eine Frau, die ihren Ehemann verloren hat, ständig über dieses Ereignis grübelt, darüber nachdenkt, wie einsam sie doch ist, und sich unentwegt fragt, wie sie ohne ihn nur zurechtkommen soll, wird sie ihre Mutlosigkeit dadurch nur verschlimmern.

Als Folge davon wird es ihr immer schwerer fallen, die täglich anfallenden Arbeiten zu erledigen. Die hinzukommende Schuld über diese Unzulänglichkeit verschlimmert alles noch mehr. Und so findet sie sich im Abwärtsstrudel des Ärgers und der Schuld wieder, der ihr alle Kraft raubt. Zusätzlich kommen neue Sorgen auf, während sie über die unerfreulichen Dinge des Lebens nachdenkt. Sie erlebt immer mehr Wehwehchen und wundert sich, warum es ihr so schlecht geht. Wegen ihrer Grübelei über die Probleme verliert sie zudem auch noch die Freude, sich mit Freunden und Nachbarn zu treffen.

Schließlich beherrschen Gefühle der Hoffnungslosigkeit und Unbrauchbarkeit ihr Leben. Sie ist depressiv – nicht weil ihr Mann verstorben ist, sondern weil sie *falsch* auf seinen Tod *reagiert hat*. Zweifelsohne ist der Tod einer geliebten Person für jeden ein schwerer Schlag, aber bei Gott gibt es einen Weg, solche Ereignisse zu bewältigen und die Betroffenen zur Rechtschaffenheit zu leiten – und nicht zur Sünde. Die eben beschriebene Frau ging ihren eigenen Weg und erntete dessen Frucht. „Mancher Weg erscheint dem Menschen richtig, aber zuletzt führt er ihn doch zum Tod." (Spr. 14,12)

Während der Kummer über den Tod eines lieben Menschen völlig in Ordnung ist (1.Th. 4,13), sollte die Sorge darüber den Gläubigen jedoch nie an den Punkt bringen, dass er meint, das Leben habe keinen Sinn mehr und Gott und sein Wort seien nicht mehr ausreichend. Meine Eltern führten eine sehr gute, hingegebene Ehe. Aber als mein Vater starb, wurde meine Mutter zu einer noch stärkeren Frau, als sie ohnehin schon war, weil sie nun lernte, Dinge zu erledigen, die sie sonst ihm überlassen hatte.

Nach seinem Tod widmete sich meine Mutter guten Werken (1.Tim. 5,10) und fand Möglichkeiten des Dienstes, die sie vorher nicht tun konnte. Im Alter von 65 Jahren brachte sie sich noch mehr in die Gemeindearbeit ein, indem sie noch die Fahrschule besuchte und Auto fahren lernte. Wenn also jemand aus der Gemeinde schwere Zeiten auf Grund eines Todesfalls in der Familie oder einer Krankheit durchlebte, fuhr sie hin, zog für eine Zeit bei ihnen ein und erledigte die Hausarbeit oder kümmerte sich um Aufgaben, die für die Betroffenen schwer zu bewältigen waren. Sie hieß weiterhin Besucher willkommen und nahm sie in ihr Haus auf und blieb weiterhin im medizinischen Dienst der Gemeinde aktiv.

Meine Eltern verband eine tiefe, herzliche Liebe, und natürlich war meine Mutter sehr traurig, als Vater starb, aber durch die Gnade Gottes hat sie dieses Ereignis als einen Teil des Planes Gottes für ihr Leben gedeutet. Weil sie eine biblische Herangehensweise an das Problem hatte, war sie fähig, richtig damit umzugehen und ein

Frucht bringendes Leben in der Arbeit für den Herrn fortzuführen. Als Folge davon stand sie nicht in der Gefahr, depressiv zu werden. Sie glaubte und lebte Römer 8,28-29 mit aller Kraft.

Wir müssen uns immer wieder ins Gedächtnis rufen, dass die Depression keine unumgängliche und unvermeidliche Folge von schwierigen Ereignissen und Lebensumständen ist. Unsere *Reaktion* auf schwierige Umstände ist der ausschlaggebende Punkt in der Entwicklung der Depression. Das richtige Verständnis der Depression verlangt einen aufrichtigen, ehrlichen Blick auf die Art und Weise, wie der Betroffene in der Vergangenheit mit schwierigen Umständen umgegangen ist und wie er in der Gegenwart damit umgeht.

3. Ursache: Anwendung von unbiblischen Maßstäben und Werten

Drittens *kann eine Depression die Folge von unbiblischen Maßstäben und Werten im Leben der betroffenen Person sein.* Die Welt trichtert uns ihre Werte unentwegt ein. Wir sehen sie im Fernsehen, hören sie im Radio, lesen sie in Büchern und Zeitschriften. Zum Beispiel ist in der Welt derjenige hoch angesehen, der besonders intelligent ist und einen hohen akademischen Grad erreicht hat. Von der Autostoßstange bis hin zur Zeitung, überall wird uns präsentiert, wer „top" ist und was ein „Flop" ist.

Natürlich hat Bildung und Ausbildung seinen berechtigten Platz in der Welt. Ohne eine entsprechend gute Ausbildung ist es in vielen Bereichen nahezu unmöglich, eine Arbeitsstelle zu bekommen. Die starke Betonung der Leistungen der Akademiker verdeutlicht den hohen Wert, den wir der Intelligenz und dem Studium beimessen. Auf der anderen Seite aber lautet die unausgesprochene Botschaft an den Rest der Gesellschaft: „Hast du keinen Titel – dann bist du nicht viel wert!" Mag sein, dass dieses Denken dem Wertesystem der Welt entspricht, aber es sollte keineswegs das Wertesystem der Christen sein.

Ein weiterer Punkt ist, dass die Welt großen Wert auf Schönheit und Jugend legt. Fernsehsendungen und Werbungen machen diesen Maßstab mehr als deutlich, indem sie uns mit hübschen, jungen Leuten mit makellosen Haaren und Körpern sowie perfekter Kleidung unter Beschuss nehmen. Werbung wird ja gerade mit diesem Ziel produziert, dass wir uns selbst unzulänglich und unattraktiv finden sollen, wenn wir nicht das neuste Schönheitsprodukt kaufen und nutzen. Es ist schon fast ein Tabu, graue Haare oder Falten zu zeigen, die eine unumgängliche Folge des Alterns sind.

Als wir vor einigen Jahren noch im Süden der Vereinigten Staaten wohnten, sind wir mit meiner Frau eines Abends zum Essen ausgegangen und gerieten in einen Schönheitswettbewerb hinein, bei dem eine Schönheitskönigin gewählt werden sollte. Die fein gemachten und geschminkten Mädchen, die wir sahen, kämpften nicht um die höchste Schönheitsauszeichnung Amerikas – aber auch nur deswegen nicht, weil sie erst acht Jahre alt waren. Leider festigen gerade solche Wettbewerbe in unseren Kindern das Denken, dass Schönheit und Jugend ausschlaggebende und wichtige Maßstäbe seien. Die Kehrseite dieser Medaille ist natürlich, dass hässliche und gewöhnliche Leute für solche Wettbewerbe nicht interessant sind. Es gibt keine Schönheitswettbewerbe für ältere Damen oder Mädchen mit Sommersprossen, großen Nasen, stämmigen Figuren oder anderen „Makeln". Frauen, die diese Werte für sich als verbindlich annehmen, könnten sich als minderwertig betrachten und am Ende im Sumpf der Entmutigung und Depression landen.

Talente und Fähigkeiten werden in unserer Welt ebenso hoch gehandelt. Hervorragende Sänger, große Sportler, berühmte Unterhaltungskünstler und Moderatoren werden hoch gelobt, verehrt und mit Geld und Aufmerksamkeit überhäuft. Schon Kinder schauen zu diesen Menschen als zu ihren „Helden" auf und fiebern dem Tag entgegen, an dem sie selbst genauso dastehen werden und ihnen alle Aufmerksamkeit gilt.

Uns allen ist klar, dass nicht jeder Junge irgendwann in den höchsten Ligen und Spielklassen mitspielen wird. Aber was geht wohl in einem kleinen, nicht so sportlichen Kerl vor, wenn er merkt, dass der Trainer ständig die anderen Jungen der Mannschaft in höchsten Tönen lobt, aber ihn selber kaum beachtet oder nur anschreit? Wenn er so denkt, wie alle Welt es tut, dann verknüpft er seinen Wert als Person mit seinen sportlichen Fähigkeiten und könnte eines Tages leicht in eine Depression fallen.

Es ist schon traurig, dass die Welt sich nach solchen Maßstäben richtet, aber leider ist ein Denken dieser Art bei Gläubigen nicht unbekannt. Auch mich als Vater beeinflussen diese vermittelten Werte. Mein Sohn spielte früher Basketball. Und wenn ich eins seiner Spiele nicht mitverfolgen konnte, fragte ich ihn nachher, wie es ausgegangen ist. „Na, Nathan, wie viele Punkte hast du erzielt? Und was ist mit Joe – wie viele hat er gemacht?" Ich wollte nur zu gerne wissen, ob mein Sohn mehr Körbe geworfen und mehr Punkte gemacht hat als Joe. Mit dieser Fragerei habe ich meinem Sohn vermittelt, dass es wichtig ist, ob er ein guter Basketballspieler ist – und das war sehr schlecht!

Zählen überhaupt irgendwelche dieser Dinge für Christus? Viele Christen teilen heutzutage die Wertvorstellungen der Welt. Sie messen sich nur so viel Wert bei, wie sie in den Augen dieser Welt haben. Wenn sie sich in einem Bereich als „nicht-ins-Raster-passend" wiederfinden – nicht klug, nicht schön, nicht jung oder nicht talentiert genug – setzen sie entweder alle Hebel in Bewegung, um dem Maßstab gerecht zu werden, oder aber sie werfen das Handtuch, geben auf und werden auf Grund ihrer Unzulänglichkeit depressiv. Beide Vorgehensweisen sind falsch; die erste mündet oft in der zweiten (und führt somit auch in die Depression), weil die Jagd nach Perfektion ein nie endendes und in höchstem Maße unbefriedigendes Unterfangen ist.

Wenn unser Wertesystem weltlich ist, dann stehen wir in der Gefahr, neidisch oder eifersüchtig auf die zu sein, die mehr von diesen Dingen haben als wir, weil wir meinen, wir verdienten das gleiche. Asaphs Verzagtheit, wie sie uns in Psalm 73 beschrieben wird, hing mit Selbstmitleid zusammen, das aus Neid und Eifersucht entstand. Er schrieb in diesem Psalm, dass es eine Zeit gab, dass „[ich] fast gestrauchelt [wäre] mit meinen Füßen, wie leicht hätte ich einen Fehltritt getan" (73,2). Er war erschöpft und völlig niedergeschlagen.

Was hat ihn bis zu diesem Tiefpunkt gebracht? Untersuchen wir diesen Psalm genauer, so stellen wir fest, dass er neidisch auf andere war. Im Leben der anderen ging alles gut, sie hatten nie Probleme – zumindest schien es ihm so. Das Schlimme daran ist, dass ihr Leben tatsächlich gelang, obwohl sie böse, unmoralische und gottlose

Menschen waren. Als Asaph darüber nachdachte, tat er sich selber Leid. Aus diesem Selbstmitleid und Neid entsprang letztlich die Depression.

Heutzutage sind viele Menschen aus genau diesem Grund depressiv. Vor einiger Zeit rief mich jemand mit der Bitte an, eine Dame zu besuchen, die sich zur Behandlung in die stationäre Psychiatrie eines örtlichen Krankenhauses hat einweisen lassen. Der Anrufer erzählte mir, sie habe bereits zwei Selbstmordversuche hinter sich. Beim letzten Versuch hatte sie es mit einer Überdosis von Medikamenten versucht.

Im Laufe meiner Besuche bei dieser Frau stellte ich fest, dass sie voller Selbstmitleid war, weil sie nun schon über vierzig Jahre alt war und der Herr ihr immer noch keinen Ehemann geschenkt hatte. Sie sehnte sich nach einer eigenen Familie. Ihre Schwester hingegen war verheiratet und hatte Kinder, was ihr noch mehr zusetzte. Sie beneidete ihre Schwester; und dieser Neid entwickelte sich zu Bitterkeit und Hass ihrer Schwester gegenüber – und in gewisser Weise auch gegenüber Gott. Sie litt an einer Depression wegen ihres Selbstmitleids, das mit Neid einherging.

Sie ist kein Einzelfall. Viele Frauen kämpfen mit Depressionen, wenn sie sehen, wie andere heiraten und eine Familie gründen. Sie wären auch so gerne Ehefrauen und Mütter, aber aus irgendwelchen Gründen hat Gott es für besser erachtet, ihnen keinen Ehemann zu geben. Neulich hörte eine junge Frau meine Predigt und kam später unter Tränen aus der Kirche heraus. An diesem Morgen hatte ich über das Unterwerfen unter Gottes Willen gepredigt. Sie erklärte mir: „Gott hat mir hart zugesetzt. Ich sehne mich nach einem Ehepartner und einer Familie. Schließlich verbitterte ich in gewisser Weise gegen Gott, weil er meinen Wunsch nicht erfüllte – und das war falsch. Jetzt, an diesem Morgen, habe ich mich dafür entschieden, Gott ergeben zu sein, wie auch immer er mich führt und mich daran und darin zu freuen. Von jetzt an werde ich meine Zukunft ihm überlassen und nicht selber Hand an Dinge anlegen, die er für mich nicht vorgesehen hat." Von da an, obwohl sie immer noch von Zeit zu Zeit Anfechtungen hatte, entwickelte sie sich zu einem weitaus fröhlicheren und brauchbareren Menschen.

In 1. Johannes 2,16 steht: „Denn alles, was in der Welt ist, die Fleischeslust, die Augenlust und der Hochmut des Lebens, ist nicht von dem Vater, sondern von der Welt." Wenn jemand nach Fleischeslust trachtet, bedeutet das, dass er Freude und Erfüllung in körperlichem Genuss, Behaglichkeit und Sicherheit sucht. Wenn jemand nach Augenlust trachtet, bedeutet das, dass er Freude und Erfüllung in dem Besitz materieller Güter oder in gutem Aussehen oder bei interessanten Menschen sucht. Und wenn jemand nach dem Hochmut des Lebens trachtet, dann bedeutet das, dass er Freude und Erfüllung in Macht, Anerkennung, Herrschaft, im Erfolg, in der Berühmtheit und im Lob sucht. Wenn er dieses nicht bekommt, wenn ihm jemand bei der Erfüllung dieser Wünsche im Weg steht, wird er wütend, besorgt oder depressiv.

Unsere Werte erkennt man daran, was wir für wichtig halten, was das Leben in unseren Augen lebenswert macht und wovon wir glauben, dass es Freude und Erfüllung in unser Herz bringen kann. Die erste Abbildung veranschaulicht, wie diese Werte uns emotional beeinflussen und wie sie für eine Depression ausschlaggebend sein können:

Ablaufplan einer Depression

Vorrangige Voraussetzungen, Annahmen, Maßstäbe, Erwartungen, Werte, Ziele, Beweggründe, Wünsche

„Um etwas wert zu sein, brauche ich die Anerkennung der anderen!"
„Um ein guter Christ zu sein, darf ich nie ..."
„Wenn ich Gott treu bin, dann ..."

Bewertung, Einschätzung, Klischees über Verhaltensweisen, Leistung, Situation

„Wenn es nicht so läuft, wie ich es erwartet hatte, dann hat Gott versagt, oder ich selbst bin ein absoluter Taugenichts und es gibt rein gar nichts, was ich an der Situation ändern könnte; nie werden sich Dinge zum Besseren wenden, man kann nichts verbessern; alles ist hoffnungslos; ich brauche nichts erwarten."

Die zweite Abbildung zeigt, was passiert, wenn wir keinen biblischen Blick für Dinge haben, die wirklich wichtig sind, und wenn wir das, was in Gottes Augen wirklich wichtig und lohnenswert ist, gegen das eintauschen, was weltlich und dämonisch ist. Das Bild an sich ist eine bildliche Darstellung von Römer 1,21–32, die zeigt, was sich im Gefühlsleben und in den Verhaltensweisen der Menschen ändert, wenn sie sich von dem vom Schöpfer bestimmten Lebensziel (Gott zu verherrlichen und sich in Ewigkeit an ihm zu erfreuen) abwenden und sich dem Geschöpf zuwenden und vergängliche Werte hoch achten.

Unbiblische Maßstäbe zu setzen, kann leicht in unerfüllte oder unerfüllbare Erwartungen führen. In Lukas 24 werden uns zwei von Herzen betrübte Männer beschrieben. Völlige Mutlosigkeit hatte sie eingehüllt. Als sich Jesus ihnen näherte und mit ihnen ging, waren die Männer irgendwie unfähig, ihn richtig wahrzunehmen. Als sie dann eine Unterhaltung begannen, erklärten sie ihm, dass sie traurig waren, weil sie hofften, Jesus Christus werde Israel von der Besatzung durch die Römer befreien. Dadurch brachten sie die Sache auf den Punkt: Ihr Trübsinn und ihre Depression war die Folge einer unerfüllten Hoffnung auf nationale Freiheit. Sie hatten alle ihre Hoffnung auf Jesus gesetzt – doch als er starb, sank ihre Hoffnung mit in das Grab.

Römer 1,21–32 als Schaubild

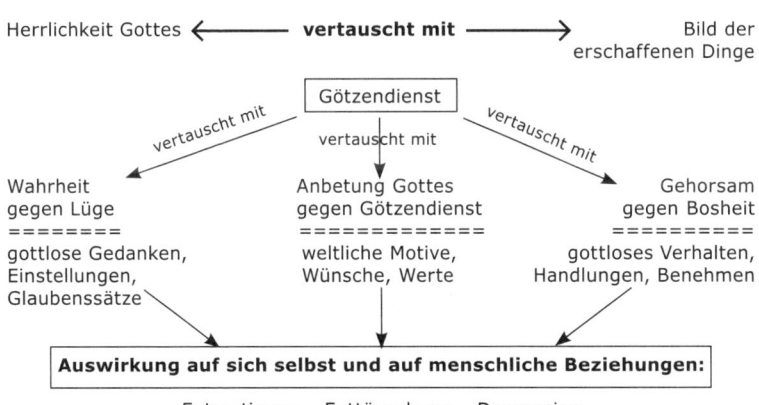

Manchmal versuchen wir als Gläubige, die weltlichen Verhältnisse und Probleme mit den Dingen, die Gott wohlgefällig sind (oder von denen wir meinen, dass sie es seien), in Einklang zu bringen. Das ist eine weitere unbiblische Vorgehensweise, die in eine Depression führen kann. Wir schauen uns um und meinen: „Die ganze Welt ist ein einziges Durcheinander!" Aber wenn wir in die Bibel schauen, stellen wir fest, dass Gott nach wie vor alle Fäden in der Hand hat. Führen wir diese beiden Tatsachen zusammen – die um sich greifende Ungerechtigkeit in der Welt und die Souveränität Gottes – wird es für uns schwierig und verwirrend. Infolgedessen könnten wir an Gott herantreten und sagen: „Lieber Herr, ich weiß, du bist souverän und hast alles in der Hand, aber warum um alles in der Welt lässt du all diese Dinge zu? Warum schaust du billigend zu, wie immer mehr Unrecht geschieht?" Und so kann unser unvollkommenes und falsches Verständnis von Gott und der Schrift uns in die Depression führen. Einige Jahrtausende früher hatte Habakuk mit diesem Konflikt zu kämpfen:

> „Wie lange, o HERR, rufe ich schon, ohne dass du hörst! Ich schreie zu dir wegen des Unrechts, und du hilfst nicht. Warum lässt du mich Bosheit sehen und schaust dem Unheil zu? [...] Bist du, o HERR, nicht von Urzeiten her, mein Gott, mein Heiliger? Wir werden nicht sterben! HERR, zum Gericht hast du ihn eingesetzt, und zur Züchtigung hast du, o Fels, ihn bestimmt." (Hab. 1,2-3.12)

Was uns bei ihm widersinnig erscheint, ist nach wie vor ein Problem – auch oder gerade im 21. Jahrhundert. Im gleichen Dilemma steckt der Dichter des 77. Psalms, als er das Böse um ihn herum mit dem, was er über Gott wusste, zusammenzubringen versuchte:

> „Wird denn der Herr auf ewig verstoßen
> und niemals wieder gnädig sein?
> Ist's denn ganz und gar aus mit seiner Gnade,

und ist die Verheißung zunichte für alle Geschlechter?
Hat denn Gott vergessen, gnädig zu sein,
und im Zorn seine Barmherzigkeit verschlossen?
Und ich sage: Ich will das erleiden, die Änderungen,
welche die rechte Hand des Höchsten getroffen hat."
(Psalm 77,8-11)

Dieser Psalmist hatte unbiblischen Gedankengängen freien Lauf
gelassen und hat als Folge davon eine Depression geerntet.

Das gleiche könnte über Elias Depression in 1. Könige 19 gesagt
werden. Eines muss dabei aber erwähnt werden: Diese Erfahrung
war nicht Elias Normalzustand. Elia war ein großer Mann Gottes,
der Gott vertraute und ihm grundsätzlich gehorsam war. Zu
dieser bestimmten Zeit jedoch erlaubte sich Elia einige unbiblische
Gedankengänge – und diese führten ihn in eine massive Depression,
die wir im zweiten Kapitel bereits ausführlich betrachtet haben. Elias
Geschichte ist für uns dahingehend von großem Nutzen, da sie uns
vorführt, dass das, was ihm – einem der größten Propheten, die je
gelebt haben – passierte, ohne weiteres auch uns treffen könnte.

Unsere Verantwortung als Gläubige ist: „… passt euch nicht
diesem Weltlauf an, sondern lasst euch in eurem Wesen verwandeln
durch die Erneuerung eures Sinnes…" (Röm. 12,2) Uns wurde
von Gott eine andere Wertvorstellung gegeben – und diese Werte
Gottes sind bei Weitem anders als die der Welt. Aus diesem Grund
konnte der Apostel Paulus im 2. Korintherbrief 12,10 sagen, dass er
Wohlgefallen an Schwachheiten, an Misshandlungen, an Nöten, an
Verfolgungen, an Ängsten hatte. Paulus glaubte von Herzen daran,
dass Gott alle Dinge zum Besten führt für diejenigen, die ihn lieben
(Röm. 8,28) und dass er es nicht zulässt, dass uns eine Versuchung
ereilt, die wir nicht tragen können (1.Kor. 10,13).

In 2. Korinther 4,8–11 lesen wir, dass Paulus „überall bedrängt …
in Verlegenheit … verfolgt … niedergeworfen … beständig dem Tod
preisgegeben" war. Wieso unterlag er in solch widrigen Umständen
nicht der Depression? Paulus selbst gibt uns die Antwort darauf
im gleichen Textabschnitt. Er schreibt, dass er sich der Berufung
in seinen Dienst stets bewusst war und dass er Barmherzigkeit

empfangen hatte (4,1). Er war sich bewusst, dass die gegenwärtigen Leiden gute Frucht hervorbringen werden – „eine ewige und über alle Maßen gewichtige Herrlichkeit" (4,17). Der Apostel Paulus erstickte die Depressionen inmitten der heftigsten Umstände schon im Keim, da er biblische und nicht weltliche Wertvorstellungen hatte.

Ich habe viele Leute in der Seelsorge gehabt, die auf Grund von unbiblischen Maßstäben und Werten in Depressionen gefallen waren. Wenn sie sich selbst mit dem verglichen, was die Welt für gut und wertvoll hält, merkten sie, das sie dem nicht gerecht wurden und fühlten sich wertlos. Wenn John Bunyan wie sie gehandelt hätte, gäbe es nicht das große christliche Gleichnis *„Pilgerreise zur seligen Ewigkeit"* und andere Bücher, die er im Gefängnis geschrieben hat. Bunyan verbrachte zwölfeinhalb Jahre seines Lebens im Gefängnis, während seine Familie in Armut lebte, weil er es ablehnte, nach den Maßstäben dieser Welt zu leben. Anstatt depressiv oder verbittert zu werden, studierte er das Wort Gottes auf das Genaueste und gab Gott die Möglichkeit, seine persönlichen Missstände zum Guten zu nutzen. Die Übernahme der weltlichen Gedankenmuster führt schnurstracks in die Depression, richten wir unsere Augen jedoch auf Jesus, kommen wir da mit Sicherheit wieder heraus.

Eine Verknüpfung aller drei Ursachen

Manchmal sind alle drei Ursachen in einem gewissen Maße an der Depression des Betroffenen beteiligt. Da gerät beispielsweise jemand in einen schwierigen Lebensumstand und geht falsch mit diesem um. Dieser Mensch vergisst, dass Gott alles im Leben zulässt und alle Dinge zum Besten mitwirken lässt (Röm. 8,28–29). Er vergisst, dass Gott es niemals zuließe, dass eines seiner Kinder über Vermögen versucht wird (1.Kor. 10,13) und dass Versuchungen nur Mittel zum Zweck sind, um Ausharren zu bewirken (Jak. 1,2-4).

Wegen des unbiblischen Denkens kann die Reaktion eines depressiven Menschen mit sündigen Aussagen oder Handlungen einhergehen. In den meisten Fällen, in denen ein Mensch eine Sünde begeht, tut er es, weil er unbiblische Gedankengänge verfolgt. Die Wahrscheinlichkeit ist hoch, dass dieser Mensch keine Buße über diese Sünde tut und so weiter den unbiblischen Gedanken nachhängt. Viele der biblischen Beispiele, die wir in den letzten Kapiteln betrachtet haben (Elia, Mose, Kain, David), weisen diese Verknüpfung auf.

Kain zum Beispiel hat dadurch gesündigt, dass er dem Herrn kein angemessenes Opfer gebracht hat. Als Gott ihn auf diese Sache hinwies, wurde er eifersüchtig und feindselig seinem Bruder gegenüber, dazu noch verbittert und wütend auf Gott. Anstatt mit Gott über die Sünde zu reden und auf den Tadel Gottes demütig zu reagieren, wählte er die schlechteste Alternative und erschlug seinen Bruder. Obwohl unvergebene Schuld die vorrangige Ursache war, so waren die beiden anderen Faktoren ebenso am Werk, um Kains Depression zu verstärken.

Es ist wichtig, dass wir die Hauptursachen der Depression nachvollziehen, weil sie der Schlüssel zur Problemlösung sind. Oft wird die Depression den Lebensumständen oder anderen Dingen, die auf die Betroffenen einwirken, zugeschrieben; aber Tatsache ist, dass diese äußerlichen Umstände unsere Herzen nicht beeinflussen können, wenn wir es ihnen nicht erlauben. Es ist notwendig, dass wir verstehen, was unserer Depression (oder der Depression eines anderen Menschen) vorausgegangen ist. In den meisten Fällen ist es eine verkehrte Reaktion. Diese Reaktion müssen wir genau benennen können, um an der Lösung des Problems arbeiten zu können. Ferner ist es notwendig, dass wir ermitteln, was die eigentliche Ursache der Depression war und welche anderen Ursachen als verschlimmernde Faktoren mitgewirkt haben. Das Problem der Depression kann nie nachhaltig und völlig gelöst werden, sofern die Lösung nicht direkt an seiner Wurzel ansetzt.

Eine Anmerkung zur körperlichen Ursache

Im ersten Kapitel ist erwähnt worden, dass nur einem kleinen Teil der Fälle von Schwermut und Depression ein körperliches Problem zu Grunde liegt. Wenn wir versuchen, die Wurzel der Depression eines Betroffenen herauszufinden, müssen wir diese Möglichkeit ebenfalls im Hinterkopf behalten. Wenn tatsächlich ein körperliches Problem vorliegt, müssen wir dem Menschen die Behandlung durch einen Arzt empfehlen. Zur Ermittlung einer eventuellen körperlichen Ursache für eine Depression gibt es im 8. Kapitel auf den Seiten 171–173 weitere Hinweise. Aber bevor wir uns den weiteren Kapiteln zuwenden, ermutige ich Sie, sich ein paar Minuten über folgende Fragen Gedanken zu machen:

Fragen zur Diskussion und Anwendung:

1. Was ist die Hauptaussage der Bibel zur Frage, warum Menschen depressiv werden? Was sind – theologisch gesehen – die Wurzeln einer Depression?

2. Erklären Sie die Aussage: „Depression ist die natürlichste und selbstverständlichste Folge eines Lebens ohne Gott." Warum meint der Autor, dass dem so sei?

3. Was hat das Erlösungswerk Christi mit der Befreiung von Depressionen zu tun?

4. Wenn das Erlösungswerk Christi wirklich die endgültige Lösung des Problems der Depression bedeutet, warum gibt es immer noch depressive Christen?

5. Erklären Sie, warum die Weigerung, sich mit der eigenen Sünde auseinanderzusetzen, eine Depression hervorrufen kann!

6. Welche biblischen Beispiele verdeutlichen, dass diese Aussage biblisch korrekt ist?

7. Erklären Sie die Aussage, dass wir in eine Depression fallen, weil wir wie „praktizierende Atheisten" handeln!

8. Welche biblischen Beispiele verdeutlichen, dass diese Aussage biblisch korrekt ist?

9. Erklären Sie die Aussage, dass schwierige Lebenslagen durchaus ein Anlass oder Grund für eine Depression sein können, aber dass sie nicht die Ursache sind.

10. Erklären Sie die Formel:
EREIGNIS + DEUTUNG = REAKTION

11. Was ist mir der Aussage gemeint, dass Depression die *„Folge von unbiblischen Maßstäben und Werten im Leben der betroffenen Person"* sein kann?

12. Was können einige der unbiblischen Werte sein, die Menschen haben, und wie hängt das Vorhandensein dieser Werte mit der Depression zusammen?

13. Wie hängen die Wahrheiten aus 1.Joh. 2,16 mit den Problemen der Depression zusammen?

14. Warum wird das Wissen und Verstehen der drei speziellen Ursachen für Depressionen in diesem Kapitel als so wichtig herausgestellt, um Depressionen vorzubeugen und zu überwinden?

15. Haben sie persönlich eine Art des Schwermuts und der Niedergeschlagenheit erlebt (die als mäßig oder massiv eingeordnet werden muss), weil Sie mit der eigenen Sünde falsch umgingen oder weil Sie von falschen Wertvorstellungen geprägt waren?

16. Was haben Sie für sich persönlich oder für den Fall, dass Sie jemandem helfen wollen, in diesem Kapitel über die Ursachen der Depression gelernt, was Ihnen oder Ihrem Dienst in der Seelsorge dienlich sein könnte?

17. Ergeben die Dinge, die in diesem Kapitel als die Ursachen der Depression behandelt werden, einen Sinn im biblischen Zusammenhang? Anders gefragt: Sind diese Aussagen biblisch fundiert?

Kapitel 4
Raus aus dem Dunkel – biblische Prinzipien

Es ist bereits einige Jahre her, dass unser ältester Sohn ein großes Haus in Philadelphia, im Bundesstaat Pennsylvania, kaufte. Das Haus hatte drei Etagen, die durch zwei Treppenhäuser verbunden waren. Demnach gab es mehrere Möglichkeiten, die einzelnen Stockwerke des Hauses zu erreichen. Obwohl beide Treppenhäuser dem gleichen Zweck dienten, taten sie das gewissermaßen auf verschiedene Art und Weise. Die eine Treppe war sehr steil, schmal und hatte scharfe Biegungen; die andere hingegen hatte eine flache Steigung, war weitläufig und hatte sanfte Biegungen. Die Benutzung dieser beiden Treppenhäuser erforderte unterschiedliche Herangehensweisen – im wahrsten Sinne des Wortes –, die zu der jeweiligen Konstruktion passten.

Man kann die Entwicklung und das Überwinden der Depression mit den Treppenhäusern dieses Hauses vergleichen. Es gibt mehrere Möglichkeiten, wie man ins tiefe Dunkel der Depression hineinkommen kann – denken wir noch einmal an das letzte Kapitel. Einige tauchen wegen unvergebener Sünde bis auf den Grund der Depression, einige wegen des falschen Umgangs mit einer schwierigen Lebenslage und andere wiederum, weil sie sich von unbiblischem Gedankengut haben beeinflussen und einnehmen lassen. Wo man sich am Ende wiederfindet, ist bei allen gleich – der Weg dahin jedoch ist je nach Person unterschiedlich.

Genauso wie der Weg in die Depression bei jedem unterschiedlich ist, so ist der Weg von dort heraus auch bei jedem unterschiedlich. Wurde die Depression erst einmal sorgfältig diagnostiziert, muss sie entsprechend der auslösenden Ursache behandelt werden. Wenn jemand sich mit unvergebener Schuld plagt, dann braucht er eine andere Art von Seelsorge und Unterstützung als der, der mit einer schwierigen Lebenslage falsch umgeht.

Jeder Mensch muss sich *dem* Problem stellen, das ihn in die Depression getrieben hat, damit er diese Depression aus der Welt und aus dem Leben schaffen kann. Und der Mensch, der die Seelsorge durchführt, muss peinlichst genau darauf achten, dass er nicht wie die Freunde von Hiob vorgeht, die zwar grundsätzlich gute und richtige Reden und Ausführungen darlegten, aber der falschen Person gegenüber. Wie es in Sprüche 18,13 heißt: „Wer antwortet, bevor er gehört hat, dem ist es Torheit und Schande."

Angenommen, das Problem wurde genau diagnostiziert. Welcher Ansatz muss dann für die jeweilige Hauptursache gewählt werden? Da Christus der Ursprung „aller Schätze der Weisheit und der Erkenntnis" ist (Kol. 2,3), müssen wir in seinem Wort nach Hilfestellungen suchen. Die Bibel beinhaltet viele Prinzipien, die helfen, mit den diversen Arten von Depressionen zurecht zu kommen.

Die Grundvoraussetzung

Das größte Problem eines ungläubigen Menschen bei der Überwindung einer Depression, der nicht eine rein körperliche Ursache zu Grunde liegt, besteht darin, dass diese nur mit Gottes Hilfe überwunden werden kann. Die Bibel lehrt uns, dass der Mensch vom Scheitel bis zur Fußsohle ganz und gar sündig ist: „... wie geschrieben steht: Es ist keiner gerecht, auch nicht einer; es ist keiner, der verständig ist, der nach Gott fragt..." (Röm. 3,10-11) „... denn alle haben gesündigt und verfehlen die Herrlichkeit, die sie vor Gott haben sollten..." (Röm. 3,23) Und die Folge der sündigen Natur des Menschen ist: „... das Herz der Menschen ist voll Bosheit, und Tollheit ist in ihren Herzen ihr Leben lang..." (Pred. 9,3) Die Sünde hat alle Menschen von Gott getrennt und entfremdet: „... eure Missetaten trennen euch von eurem Gott, und eure Sünden verbergen sein Angesicht vor euch, dass er nicht hört!" (Jes. 59,2)

Betrachten wir das Bild, das die Bibel von uns Menschen malt, dann sieht man wirklich schwarz – und das ist auch der Grund, warum wir Gott von Natur aus gar nicht gehorsam sein können. Wir sind von Natur aus Sünder, Übertreter des Gesetzes Gottes und in keiner Weise mit Gott in Beziehung stehend. Wir sind Gott entfremdet, der echten Quelle jeglicher Freude und Zufriedenheit. In dieser Stellung sind wir unfähig, echte Freude zu erleben und Depressionen zu überwinden; wir werden es nie und nimmer können, bis irgendetwas in unserem Leben diese Stellung ändert.

Diese Änderung unserer Stellung vor Gott ist genau das, wofür Christus in diese Welt gekommen ist. Gott sandte seinen einzigen, eingeborenen Sohn auf diese Welt, um der Sünde die Macht zu nehmen. Die Bibel sagt uns, dass Jesus Christus als unser Stellvertreter völlig nach dem Gesetz Gottes lebte. Er tat damit das, was wir nicht tun können. Mehr noch, durch seinen Tod am Kreuz hat er die Strafe für die Schuld jedes Einzelnen gezahlt, der sich ihm anvertraut und sich ihm unterordnet.

Jesus Christus trat für sein Volk in der Riss und erfüllte jede Forderung, die das Gesetz Gottes gegen sie erhob. „Denn er hat den, der von keiner Sünde wusste, für uns zur Sünde gemacht, damit wir in ihm zur Gerechtigkeit Gottes würden." (2.Kor. 5,21) Durch seinen Tod am Kreuz zahlte er die Strafe für unsere Schuld und eröffnete uns die Möglichkeit, in eine lebendige Beziehung zu Gott zu treten. „Jetzt aber, in Christus Jesus, seid ihr, die ihr einst fern wart, nahe gebracht worden durch das Blut des Christus." (Eph. 2,13)

Gottes Weg – der einzige Weg –, um Sünder in die richtige Beziehung mit sich selbst zu bringen, führt einzig und allein über Jesus Christus. *Er* ist „der Weg und die Wahrheit und das Leben; niemand kommt zum Vater als nur durch" ihn (Joh. 14,6). Wann auch immer wir uns unserer tatsächlichen Stellung vor Gott bewusst werden (nämlich von ihm entfremdet zu sein), darüber Traurigkeit und Reue empfinden, und dann anfangen, uns auf Jesus Christus zu berufen, wird Gott uns unsere Sünden vergeben.

Mehr noch als das: Gott rechnet uns die Gerechtigkeit Jesu an und so haben wir dadurch die Möglichkeit einer innigen Beziehung mit Gott. „Allen aber, die ihn aufnahmen, denen gab er das Anrecht, Kinder Gottes zu werden, denen, die an seinen Namen glauben." (Joh. 1,12) „So seid ihr nun nicht mehr Fremdlinge ohne Bürgerrecht und Gäste, sondern Mitbürger der Heiligen und Gottes Hausgenossen." (Eph. 2,19)

Mit anderen Worten: Versöhnung mit Gott geschieht ausschließlich durch Jesus Christus. Diese Versöhnung ist die grundlegende Voraussetzung für diejenigen, die über eine Depression hinwegkommen wollen. Haben wir kein geordnetes Verhältnis zu Gott, dann haben wir jeden Grund, unter Hoffnungslosigkeit und Depressionen zu leiden. Ohne Christus sind wir von Gott getrennt – von unserem Schöpfer, von unserer Stütze, von unserem uneingeschränkten Herrscher und Richter. Mit Christus im Herzen haben wir ein Fundament und einen Grund für echte und andauernde Hoffnung und Freude.

Überwindung einer durch ungeklärte Sünde verursachten Depression

Die erste spezielle Ursache von Depression, die wir näher betrachtet haben, war die falsche oder nicht vorhandene Auseinandersetzung mit der eigenen Sünde. Anhand mehrerer Psalmen, der Geschichte Kains und der Geschichte von Jonas Rebellion und nachfolgender Depression habe ich die folgende Auflistung von Stufen zusammengetragen, die uns den individuellen Umgang mit dieser Art der Depression aufzeigt:

1. Sind wir depressiv, weil wir nicht bereit sind, uns mit unserer Sünde auseinander zu setzen, dann müssen wir zwangsläufig *Sünden und unser Versagen gezielt herausarbeiten und anerkennen, dass sie das eigentliche Problem sind.* Im 32. Psalm beschrieb David, wie ihn seine unbereinigte Schuld in höchste körperliche Qual brachte, bis er sie endlich Gott bekannte: „Als ich es verschwieg, da verfielen meine Gebeine durch mein Gestöhn den ganzen Tag. […] Da bekannte ich dir meine Sünde und verbarg meine Schuld nicht." (Psalm 32,3+5a) Wenn wir die Sünde bekennen und Buße tun, sollten wir sorgfältig und ehrlich beides benennen: Tat-Sünden (Dinge, die wir getan haben, die wir aber besser hätten lassen sollen) und Unterlassungs-Sünden (Dinge, die wir unterlassen haben, die wir besser hätten tun sollen). 1. Johannes 1,8 sagt aus: „Wenn wir sagen, dass wir keine Sünde haben, so verführen wir uns selbst, und die Wahrheit ist nicht in uns."

2. Wir müssen *sicherstellen, dass unser Maßstab dafür, was wir für falsch und was wir für richtig halten, tatsächlich die Heilige Schrift ist.* Wir können uns nicht in richtiger Weise Gedanken über unsere Sünde und über die Notwendigkeit der Buße machen, wenn wir nicht auf Gottes Wort gegründet sind. Wir müssen verstehen, dass das Wort Gottes die höchste Autorität in dieser Angelegenheit (Jes. 8,20) und dass die Sünde Gesetzlosigkeit ist (1.Joh. 3,4). Ferner müssen wir lernen, Sünde so zu hassen, wie Gott selbst sie hasst. „Darum halte ich alle deine Befehle in allem für recht und hasse jeden Pfad der Lüge." (Psalm 119,128)

3. Wir müssen *uns der Ernsthaftigkeit und Tragweite der Sünde bewusst werden.* Der Prophet Nathan wurde von Gott zu David geschickt, weil David die Ernsthaftigkeit seines Ehebruchs gar nicht richtig wahrnahm. Nathan erzählte David ein Gleichnis, das ihn schließlich verstehen ließ, welche Auswirkungen seine Sünde tatsächlich hatte (2.Sam. 12). Nachher schrieb David: „An dir allein habe ich gesündigt und getan, was böse ist in deinen Augen, damit du Recht behältst, wenn du redest, und rein dastehst, wenn du richtest." (Psalm 51,6)

4. Wir müssen *sicher sein, dass wir verstanden haben, was die echte Buße und das richtige Bekennen erfordern.* Psalm 51 zeichnet ein schönes Bild davon, wie echte Buße aussieht: Wahre Demut des Geistes Gott gegenüber wird deutlich (V. 3), Sünde wird als Schuld und Übel in Gottes Augen dargestellt (V. 4-5), das richtige Verständnis der Ernsthaftigkeit unserer Sünde und die Bereitschaft, sich selbst als schuldig anzuerkennen, kommen zum Vorschein (51,6), eine göttliche Betrübnis über unsere Sünde und inneres Verlangen nach Vergebung tritt zu Tage (V. 7-11) und der Wunsch nach einem reinen Herzen – nach einem solchen, das Sünde hasst und Gottesfurcht liebt (V. 12-14).

5. Wir müssen das Wesen und die Grundlage der Vergebung Gottes verstehen – die uns als Gnadengabe durch den Glauben frei und kostenlos zuteil wird. Dieses Verständnis ist so wichtig, weil es uns Hoffnung für die Zukunft gibt. Es gibt nichts auf der Welt, das wir tun können, um uns die Vergebung Gottes zu verdienen, und somit ist auch keine Sünde so groß und schwerwiegend,

dass unser himmlischer Vater sie uns nicht vergeben könnte. „In [Christus] haben wir die Erlösung durch sein Blut, die Vergebung der Übertretungen nach dem Reichtum seiner Gnade...“ (Eph. 1,7) Die Heilige Schrift versichert uns, dass, wenn wir unsere Sünde einmal aufrichtig im Glauben an Jesus Christus und an sein Versöhnungswerk am Kreuz bekannt und Buße getan haben, wir uns nicht länger von Schuld bedrücken lassen müssen. Gott verspricht uns in der Bibel, unserer Sünde nicht mehr zu gedenken (Jer. 31,34), sie zu entfernen, so weit der Osten vom Westen entfernt ist (Psalm 103,12) und sie in der tiefsten Stelle des Meeres zu versenken (Micha 7,19). Gottes Vergebung durch Jesus Christus ist frei und kostenlos, sie ist für alles und alle ausreichend und in alle Ewigkeit gültig.

6. Wir müssen unsere Sünden anderen Menschen bekennen, sofern wir sie durch unsere Handlungen direkt verletzt haben und versuchen, den entstandenen Schaden so weit wie möglich wieder gutzumachen. Dieses Bekennen beginnt natürlich mit der Hinwendung an Gott, weil sich eine Sünde in erster Linie immer gegen Gott richtet (Psalm 51,6). Aber dabei dürfen wir es nicht belassen. Wir müssen den Menschen, die durch unsere Sünden direkt betroffen sind, diese Sünden bekennen: „Bekennt einander die Übertretungen.“ (Jak. 5,16a) Mehr noch: Wir sollten alles daran setzten um entstandenen Schaden wieder gutzumachen, wenn wir nachvollziehen können, welche Menschen welchen Schaden erlitten haben. Gerade das ist es, was Zachäus tat, als er Jesus traf und seiner Sünden gegenüber vielen Menschen bewusst wurde. „Siehe, Herr, die Hälfte meiner Güter gebe ich den Armen, und wenn ich jemand betrogen habe, so gebe ich es vierfältig zurück.“ (Lk. 19,8)

7. Wir müssen *bestrebt sein, unsere Sünde zu lassen.* „Wer seine Schuld verheimlicht, dem wird es nicht gelingen, wer sie aber bekennt und lässt, der wird Barmherzigkeit erlangen.“ (Spr. 28,13) Anders gesagt: Wir müssen unsere Gesinnung und unser Herz dazu bringen, die Sünde, der wir gedient haben, und jegliche Denkmuster, Gesinnungen, Wünsche und Handlungen völlig abzulegen. Jesu Aufforderung an die Ehebrecherin gilt uns genauso: „Geh hin und sündige nicht mehr!“ (Joh. 8,11b)

8. Wir müssen *widergöttliche Gewohnheiten gegen göttliche ersetzen.*

Es reicht nicht aus, mit schlechten Handlungen aufzuhören; wir müssen daran arbeiten, Gutes zu tun. Der Apostel Paulus fordert uns gerade dazu auf, wenn er schreibt: „Wer gestohlen hat, der stehle nicht mehr, sondern bemühe sich vielmehr, mit den Händen etwas Gutes zu erarbeiten, damit er dem Bedürftigen etwas zu geben habe. Kein schlechtes Wort soll aus eurem Mund kommen, sondern was gut ist zur Erbauung, wo es nötig ist, damit es den Hörern Gnade bringe." (Eph. 4,28-29) In jeder Lebenslage verlangt Paulus, dass wir die schlechten Verhaltensweise nicht einfach nur ablegen, sondern dass wir sie durch gute ersetzen.

9. Wir müssen zeigen, dass wir aus unseren Fehlern gelernt haben, indem wir Pläne schmieden, wie wir Versuchungen vorbeugen und vor ihnen fliehen können, um nicht in Sünde zu fallen. Mit schlechten Gewohnheiten zu brechen, ist kein leichtes Unterfangen. Wenn wir nicht eine Art „Schlachtplan" haben, wie wir in der Zukunft Versuchungen begegnen wollen, dann ist die Wahrscheinlichkeit sehr hoch, dass wir uns irgendwann erneut im Kampf mit den alten Problemen wiederfinden. Es ist schwer, plötzlich ein „Nein" zu Dingen zu sagen, zu denen wir früher normalerweise ein „Ja" hatten. Dann ist es entscheidend, dass wir eigens für uns ausgewählte Maßnahmen bereithalten, die wir treffen, um aus dieser Situation der Versuchung herauszukommen.

10. Wenn wir uns so einen „Schlachtplan" überlegen, müssen wir *uns der Unterstützung Gottes bewusst sein.* Gott lässt uns nicht allein, um in unserer Schwachheit gegen das Böse zu kämpfen; wäre das tatsächlich der Fall, würden wir nur noch versagen. Stattdessen erweist Gott uns dadurch Gnade, dass er uns versprochen hat, uns immer einen Ausweg zu zeigen. „Es hat euch bisher nur menschliche Versuchung betroffen. Gott aber ist treu; er wird nicht zulassen, dass ihr über euer Vermögen versucht werdet, sondern er wird zugleich mit der Versuchung auch den Ausgang schaffen, sodass ihr sie ertragen könnt." (1.Kor. 10,13) Mehr noch: Wir haben die Zusage der Gnade im Überfluss um zu überwinden: „Gott aber ist mächtig, euch jede Gnade im Überfluss zu spenden, sodass ihr in allem allezeit alle Genüge habt und überreich seid zu jedem guten Werk." (2.Kor. 9,8)

11. Ein weiterer wichtiger Punkt, den ein derartiger Plan

zur Vorbeugung von Versuchungen beinhalten sollte, ist *eine Rechenschaftsbeziehung mit anderen Gläubigen.* Nach der Warnung, unsere Herzen der Sünde gegenüber nicht gleichgültig werden zu lassen, ermahnt uns der Schreiber des Hebräerbriefes, füreinander Verantwortung zu spüren, um nicht dieser Gleichgültigkeit zu verfallen: „Ermahnt einander vielmehr jeden Tag, solange es »Heute« heißt, damit nicht jemand unter euch verstockt wird durch den Betrug der Sünde!" (3,13) Paulus lehrte die Galater das Gleiche: „Brüder, wenn auch ein Mensch von einer Übertretung übereilt würde, so helft ihr, die ihr geistlich seid, einem solchen im Geist der Sanftmut wieder zurecht; … Einer trage des anderen Lasten, und so sollt ihr das Gesetz des Christus erfüllen." (Gal. 6,1-2)

12. Wir müssen *Paulus' Beispiel ernst nehmen und vergessen, was dahinten ist und uns nach dem ausstrecken, was vor uns liegt:* „Brüder, ich halte mich selbst nicht dafür, dass ich es ergriffen habe; eines aber tue ich: Ich vergesse, was dahinten ist, und strecke mich aus nach dem, was vor mir liegt, und jage auf das Ziel zu, den Kampfpreis der himmlischen Berufung Gottes in Christus Jesus." (Phil. 3,13-14) In irgendeiner Weise haben wir in der Vergangenheit alle versagt, und werden auch noch in Zukunft versagen. Aber wenn wir diese Sünde in der von Gott angeordneten Weise geklärt haben, indem wir sie bereut und darüber Buße getan haben, müssen wir sie vergessen und unseren Blick auf Gott und auf seinen Willen für unsere Gegenwart ausrichten.

Überwindung einer durch falsche Reaktion (auf ein belastendes Ereignis) verursachten Depression

Eine Depression, die durch eine falsche Reaktion auf schwierige Lebensumstände hervorgerufen wurde, verlangt einen anderen Lösungsansatz. Der Schlüssel zum Erfolg liegt hier in Philipper 4,4, wo Paulus schrieb: „Freut euch im Herrn allezeit; abermals sage ich: Freut euch!"

Was genau meinte Paulus mit dieser Anweisung? Sollen wir mit einem Lächeln im Gesicht herumlaufen? Dürfen wir nie über einen Verlust traurig sein? Um zu verstehen, was Paulus wirklich meinte, ist es hilfreich, herauszuarbeiten, was er *nicht meinte,* als er sagte, man solle sich allezeit freuen. Wenn wir uns diese Aussage genau anschauen, sollten wir als erstes festhalten, dass er nicht sagte: „Freut euch, sofern ihr nicht um euer Leben fürchten müsst!", oder „Freut euch, sofern euch eure Aufgaben nicht über den Kopf wachsen!", oder „Freut euch, sofern ihr nicht kürzlich einen lieben Menschen zu Grabe getragen habt!", oder „Freut euch, sofern euch eure Lebensumstände nicht zu schaffen machen." Nein, sondern: „Freut euch ... *allezeit*...", was bedeutet: in *allen* Umständen, zu *jeder* Zeit, an *allen* Orten. Zweitens sehen wir im Gesamtzusammenhang der Schrift, dass wir nicht unentwegt lächeln und lachen müssen. Ich kenne einige Christen, die wirklich meinen, dass wir stets lachen oder lächeln müssen. Aber das ist nicht das, worüber Paulus hier spricht.

Zweifelsohne ist Lachen eine Gabe Gottes. Prediger 3,4 weist uns darauf hin, dass „Weinen seine Zeit, und Lachen seine Zeit" hat. In Psalm 126 schreibt der Psalmist: „Als der HERR die Gefangenen Zions zurückbrachte, da waren wir wie Träumende. Da war unser Mund voll Lachen und unsere Zunge voll Jubel..." (126,1-2) Dieses Lachen war ein heiliges Lachen und es war dem Herrn wohlgefällig. In Sprüche 5,18-19 heißt es, dass der Ehemann sich „freue an der Frau" seiner Jugend und dass er „von ihrer Liebe stets entzückt" sein sollte. Freude und Lachen sollte in jedem christlichen Haushalt weit verbreitet sein, aber das ist nicht der Sachverhalt, von dem Paulus in Philipper 4,4 spricht.

Drittens: Wenn Paulus uns ermahnt, uns allezeit zu freuen, meint er auch nicht, dass wir nie besorgt sein dürfen. Er sagte nicht, dass wir uns darüber freuen sollen, wenn jemand von unseren Lieben verstirbt, oder dass wir lachen sollen, wenn jemand mit uns schimpft. Noch einmal: Prediger 3,4 zeigt uns, dass es nicht nur eine Zeit des Lachens, sondern auch des Weinens gibt. In Johannes 11 lesen wir, dass Jesus vor Lazarus' Grab stand und weinte. Christus weinte auch, als er vor den Toren Jerusalems stand und das Gericht über die Stadt vorhersagte (Lk. 19,41-44). Was auch immer Paulus mit „Freut euch allezeit!" meint, so war es nicht, dass wir nie weinen sollen.

Aber was war es denn, *wozu* er uns ermahnte? 1. Petrus 1,3-6 bringt etwas Licht in diese Frage. Nachdem Petrus einige Segnungen beschrieben hat, die wir in Christus haben, sagt er: „Darüber jubelt ihr, mögt ihr jetzt auch eine kurze Zeit (oder: ein wenig), wenn es so sein muss, durch mancherlei Anfechtung in Trübsal versetzt sein." (1,6; Menge-Übersetzung) Diese Aussage stellt heraus, dass es möglich ist, dass Freude und Trauer zur gleichen Zeit im Herzen eines Menschen sind. Das gleiche macht Paulus in 2. Korinther 6,10 deutlich, als er den Diener Gottes „als Betrübte, aber immer fröhlich" beschreibt. Es ist tatsächlich möglich, fröhlich und besorgt zugleich zu sein. Wir wollen uns kurz zwei Stufen der „Freude im Herrn" anschauen:

Stufe 1: Eine gute Beziehung

Den Schlüssel zum Verständnis dessen, was Paulus mit dem Befehl „Freut euch allezeit" meinte, und wie dieser Befehl die Antwort auf das Problem der Depression durch falschen Umgang mit schwierigen Ereignissen darstellt, finden wir in den Worten nach dem „Freut euch". Paulus ermahnt: „Freut euch *im Herrn* allezeit." Das heißt, wir können uns nicht im Herrn freuen, wenn wir nicht in einer vernünftigen Beziehung zu ihm stehen; wenn wir Christus nicht als unseren persönlichen Heiland und Herrn kennen. Man kann sich nicht an jemandem freuen, mit dem man eine gestörte oder sogar gar keine Beziehung hat.

Stufe 2: Gehorsam

Errettung durch Jesus Christus ist die grundsätzliche Voraussetzung, um eine Depression zu überwinden. Wenn wir Jesus Christus als unseren Heiland und Herrn in unser Leben aufgenommen haben, stellt sich die Frage, wie wir unseren falschen Umgang mit schwierigen Ereignissen ändern können, um von der Depression frei zu werden.

Um das zu beantworten, müssen wir uns wieder Philipper 4,4 zuwenden: „Freut euch im Herrn allezeit; abermals sage ich: Freut euch!" Als Paulus diesen Vers in Form einer Aufforderung schrieb, wollte er sagen, dass Freude im Herrn persönlichen Einsatz erfordert und voraussetzt. Mit anderen Worten: Für Gläubige ist diese Freude im Herrn kein Automatismus. Obwohl es *un*möglich ist, wahre

Freude ohne die Hilfe durch das Wort Gottes zu erfahren (Gal. 5,22), ist es doch unsere tägliche Aufgabe, nach der Freude im Herrn durch persönlichen Einsatz und fleißiges Bemühen zu streben. Der in uns wohnende Heilige Geist befähigt uns dazu und schenkt den Erfolg, aber er tut dies nicht, wenn wir unsere Hände einfach in den Schoß legen.

Führen wir uns nur mal das Beispiel des geheilten Mannes aus Markus 3,1-5 vor Augen. Jesus forderte den Mann auf, seine Hand unter der Beobachtung aller Menschen in der Synagoge auszustrecken. Und durch Gottes Macht konnte der Mann etwas machen, wozu er sonst nie im Stande gewesen war. Obwohl Gott selbst ihn zum Gehorsam befähigte, musste er trotzdem etwas für diesen Gehorsam aufwenden.

Aus diesem Grund sollten Gläubige nie ihre Fähigkeit des Gehorsams Gottes Geboten gegenüber in Frage stellen, weil Gott selbst verheißen hat, dass er uns die Kraft zum Gehorsam geben wird. „Darum, meine Geliebten, wie ihr allezeit gehorsam gewesen seid, … verwirklicht eure Rettung mit Furcht und Zittern; denn Gott ist es, der in euch sowohl das Wollen als auch das Vollbringen wirkt nach seinem Wohlgefallen." (Phil. 2,12-13)

Da wir wissen, dass uns in der Heiligen Schrift alles mitgeteilt ist, was wir brauchen, um in jedem guten Werk zu wachsen, sollten wir auf Gottes Anweisungen und Gebote achten und uns bemühen, sie sofort in die Tat umzusetzen. „… damit ihr des Herrn würdig wandelt und ihm in allem wohlgefällig seid: in jedem guten Werk fruchtbar … mit aller Kraft gestärkt gemäß der Macht seiner Herrlichkeit..." (Kol. 1,10-11) Das bedeutet, dass wir uns selbst am Riemen reißen und disziplinieren müssen, um uns allezeit im Herrn zu freuen, fest in der Überzeugung, dass der Heilige Geist in uns Gehorsam wirken kann – trotz der äußeren Umstände oder der inneren Verfassung.

Wenn wir uns „allezeit im Herrn freuen", dann konzentrieren wir uns täglich nicht in erster Linie auf die Probleme und die damit verbundenen Gefühle, sondern wir haben die Lösung Gottes und seine Anweisung, uns zu freuen, vor Augen. Wir reden zu uns selber, anstatt auf uns zu hören; wir handeln im Glauben, nicht im

Schauen; wir konzentrieren uns auf unseren unveränderlichen Gott und sein Wort, anstatt auf unsere wechselhaften Gefühle. Wir haben die gleiche Denkweise wie David in Psalm 16,8-9: „Ich habe den HERRN allezeit vor Augen; weil er zu meiner Rechten ist, wanke ich nicht. Darum freut sich mein Herz, und meine Seele [innerer Mensch] frohlockt; auch mein Fleisch wird sicher ruhen."

Natürlich ist das Überwinden einer Depression mehr als sich darüber zu freuen, dass es alles ja noch schlimmer sein könnte und uns selbst vorzuheucheln, dass unser Problem lange nicht so ernst sei. Es gehört auch mehr dazu, als nur all unsere Willenskraft zu bündeln, um alles wieder in Ordnung zu bringen. Sich „allezeit freuen" wird nicht einfach sein. Oft wird es uns viel Disziplin und persönlichen Einsatz abverlangen. Depression ist ein handfestes Problem, das nach einer handfesten Lösung schreit. Aber durch die Kraft der Heiligen Schrift haben Christen die Möglichkeit, auf Mittel zuzugreifen, die ihnen bei der Überwindung dieses ernsten Problems helfen.

Hier müssen wir aber anmerken, dass „Kummer" nicht mit „Depression" gleichzusetzen ist. Mitten in einer schmerzlichen Lebenslage sündigt ein Christ nicht, wenn er bekümmert und besorgt ist. Aber mitten in diesem Schmerz dürfen wir nie völlig am Boden zerstört und entmutigt sein. Wir dürfen nicht die Hoffnung verlieren und pessimistisch werden.

Gerade diesen Gedanken gab Paulus den Christen aus Thessalonich mit. Er schrieb ihnen über das Verhalten im Falle des Todes eines ihrer Glaubensgeschwister: „Ich will euch aber, Brüder, nicht in Unwissenheit lassen über die Entschlafenen, damit ihr nicht traurig seid wie die anderen, die keine Hoffnung haben. Denn wenn wir glauben, dass Jesus gestorben und auferstanden ist, so wird Gott auch die Entschlafenen durch Jesus mit ihm führen [...]. So tröstet nun einander mit diesen Worten." (1.Thess. 4,13-14.18)

Beachten Sie bitte, dass Paulus die Thessalonicher wegen ihrer Trauer nicht tadelt. Einen lieben Menschen zu verlieren, ist und bleibt ein schweres Ereignis und es ist vollkommen in Ordnung, darüber traurig zu sein. Aber Paulus erinnert sie daran, dass sie nicht in der Art und Weise trauern sollen wie Nichtchristen trauern – ohne jegliche Hoffnung oder Erwartung in der Zukunft. Christen dürfen und sollen ihre Gefühle und Empfindungen in entsprechender Weise zeigen, aber ihr Kummer und die Trauer sollten immer von großer Zuversicht und der Erwartung der Verheißung des ewigen Lebens gekennzeichnet sein.

Eine andere Stelle über dieses Vorgehen, den Sorgen und dem Kummer mit Freude zu begegnen, finden wir in Römer 8,18-39. In diesen Versen schreibt Paulus über Leiden, Probleme, Not, Verfolgung, Gefahr und Widerstand. Diese Dinge wird ein Gläubiger in irgendeiner Form in seinem Leben erleben. Wenn wir nun in diesen Situationen stecken, gibt Paulus uns den Rat: „... und nicht nur sie, sondern auch wir selbst, die wir die Erstlingsgabe des Geistes haben, auch wir erwarten seufzend die Sohnesstellung, die Erlösung unseres Leibes." (V. 23) Uns als Gläubigen sind schmerz- und sorgenvolle Schwierigkeiten in unserem Leben sicher, aber dabei sind wir eifrig und voller Hoffnung auf das, was noch kommt.

Mit anderen Worten: Wir sind zwar bekümmert, sind dabei aber voller Vertrauen, dass Gott alles in seiner Hand hält. Wir sind zwar besorgt, aber dabei haben wir die Gewissheit, dass Gottes guter Geist uns helfen wird, stark zu sein, und dass wir durch Christus in allem als Überwinder hervorgehen werden. Wir stöhnen zwar, aber wir haben eine feste und sichere Überzeugung, dass Gott alle Dinge für uns zum Guten führen wird. Das ist nämlich der Unterschied zwischen „Gott gemäßer Trauer" und einer sündigen Depression.

Überwindung einer durch unbiblische Denkweisen verursachten Depression

Im ersten Kapitel haben wir die mäßige Depression Asaphs (Psalm 73), eines Psalmisten (Psalm 42 und 43) und Jeremias (Klagelieder 3) betrachtet. Diese vier Abschnitte zeigen uns nicht nur den Weg der Betroffenen in die Depression, sie verraten uns auch acht Schritte, um aus der Depression heraus zu kommen, die aufgrund falschen Denkens entstanden ist, also durch unbiblische Wertvorstellungen, Wünsche, Erwartungen oder Maßstäbe. In vielfacher Hinsicht sind diese Schritte auch auf die durch andere Ursachen hervorgerufenen Depressionen anwendbar, denn ein Mensch, der mit seiner Sünde oder mit einer schwierigen Lebenslage nicht richtig umgeht, verfolgt dabei ganz offensichtlich unbiblische Denkweisen. Daher wollen wir uns die folgenden acht Schritte als grundsätzliche Prinzipien anschauen, die – in gewisser Weise – auf alle Ursachen von Depressionen zutreffen.

1. Wir müssen nach einer tieferen, engeren Beziehung zu Gott trachten. Der 42. Psalm beginnt mit: „Wie ein Hirsch lechzt nach Wasserbächen, so lechzt meine Seele, o Gott, nach dir! Meine Seele dürstet nach Gott, nach dem lebendigen Gott..." (42,2-3) Der Psalmist veranschaulicht uns den ersten Lösungsansatz. Im Grunde genommen liegt der einzig richtige und wirksame Weg aus einer Depression in einer Seelsorge, die zu Gott hinführt (durch die Hilfe anderer oder persönlich) und zu einer innigeren Beziehung zu ihm. Gott darf nie nur ein zusätzliches „Extra" oder eine gute Ergänzung in unserem Kampf gegen unsere Probleme sein. Er muss der Dreh- und Angelpunkt sein.

Leider beachten viele Leute (auch Christen) gerade diesen Sachverhalt nicht! Nach einem Seminar in New York kam ein Mann auf mich zu und stellte sich als ein Psychotherapeut einer örtlichen Praxis vor. Er sagte mir, dass er auch Christ sei. Er erklärte weiter, dass er in seinen Patientengesprächen und -behandlungen nie die Bibel zur Hand nähme, weil er dadurch auf eine unfaire Weise seinen Vorteil gegenüber einer Person ausnutzen würde, die bei ihm Schutz sucht. „Wenn der Patient mir sagt, dass er gerne über Gott sprechen möchte", so fuhr er fort, „vereinbare ich einen zusätzlichen Termin mit ihm, wo wir dann über Gott und die Bibel reden."

Es ist traurig, dass viele Seelsorger und Berater, auch solche, die sich Christen nennen, diese Herangehensweise haben. Diese Art der seelsorgerlichen Beratung finden wir in vielen christlichen Büchern und Selbsthilfe-Ratgebern zum Thema Depression. Und trotzdem ist das völlig unbiblisch, weil Gott dabei nur eine Art Nebendarsteller ist. Gott ist einfach eine Ergänzung zu anderen, „wichtigeren" Behandlungstherapien und -methoden, die sich aus der menschlichen Weisheit und Forschung herleiten.

Wir haben festgestellt, dass Depression ein Problem ist, das den ganzen Menschen in Mitleidenschaft zieht – den Körper, das Gefühlsleben, das Verhalten, den Verstand, die Vergangenheit und, was am bedeutendsten ist, das geistliche Leben. Daher sind eine Gesinnung und ein Herz, die auf Gott ausgerichtet sind, der Schlüssel für die Überwindung einer Depression. Das gilt vor allem aus zwei Gründen: Erstens, weil unser geistlicher Zustand von größter Wichtigkeit für unser Leben ist und zweitens, weil Gott der ist, der er ist – unser Schöpfer und Herr.

Der Verfasser der Psalmen 42 und 43 war – obwohl er eine Zeit der Niedergeschlagenheit in seinem Leben durchlebte – immer in der Lage, seinen Blick auf Gott zu richten. Achten wir auf seine Worte:

> „Mein Gott, meine Seele ist betrübt in mir; darum gedenke ich an dich im Land des Jordan und der Hermongipfel, am Berg Mizar..." (Psalm 42,7)

> „Am Tag wird der HERR seine Gnade entbieten, und in der Nacht wird sein Lied bei mir sein, ein Gebet zu dem Gott meines Lebens. Ich will sprechen zu Gott, meinem Fels…" (Psalm 42,9-10a)

> „Schaffe mir Recht, o Gott, und führe meine Sache gegen ein unbarmherziges Volk; errette mich von dem Mann der Lüge und des Unrechts! …
> Sende dein Licht und deine Wahrheit, dass sie mich leiten, mich bringen zu deinem heiligen Berg und zu deinen Wohnungen, dass ich komme zum Altar Gottes, zu dem Gott, der meine Freude und Wonne ist, und dich preise auf der Laute, o Gott, mein Gott!" (Psalm 43,1-4)

2. Wir müssen an einem offenen und ehrlichen Gespräch mit Gott arbeiten. Ist unser Blick erst einmal entschlossen auf Gott gerichtet und trachten wir nach einem tieferen Bewusstsein seiner Gegenwart in unserem Leben, dann sind wir auf dem besten Weg, die Depression zu überwinden. Beachten wir noch einmal die Worte des Psalmisten:

> „Mein Gott, meine Seele ist betrübt in mir…" (Psalm 42,7)

> „Ich will sprechen zu Gott, meinem Fels: Warum hast du
> mich vergessen? Warum muss ich trauernd einhergehen,
> weil mein Feind mich bedrängt?" (Psalm 42,10)

Gott selbst wünscht sich allezeit Wahrheit, auch wenn unsere
Seele verzweifelt ist. Es ist dumm zu meinen, wir könnten Gott
täuschen, indem wir sagen, dass es uns gut gehe, obwohl es nicht so
ist. Gott ist allweise und allwissend. „Du verstehst meine Gedanken
von ferne … ja, es ist kein Wort auf meiner Zunge, das du, HERR,
nicht völlig wüsstest." (Psalm 139,2b.4) Ich bin überzeugt, dass es
richtig und gut für uns ist – gerade in der Zeit der Depression –
ehrlich über unsere Gefühle und Gedanken zu sprechen.

Dennoch ist es wichtig klarzustellen, was mit Ehrlichkeit
gegenüber Gott gemeint ist. Ich glaube nicht, dass es richtig ist,
all unsere Wut und unseren Ärger an Gott auszulassen. Einige
Menschen vertreten den Standpunkt: „Gott ist groß genug, um
damit fertig zu werden, also werde ich mich damit auf ihn stürzen!" Ich denke, dass diese Haltung unbiblisch ist, weil sie dazu
bewegt, sich respektlos dem Einen gegenüber zu verhalten, der des
größtmöglichen Respekts würdig ist, und weil es zu einer sündigen
Art von Zorn führt – zu einem Zorn, der aus Unzufriedenheit
und mangelhaftem Verständnis über Gottes Charakter und seinen
Verheißungen entspringt.

Während wir uns nie dazu hinreißen lassen sollten, einen
sündigen Zorn gegenüber Gott zu hegen, ist es durchaus angebracht,
in demütiger Art und Weise und mit gebrochenem Herzen vor Gott
zu treten. Ohne dabei Gott wegen unserer Probleme anzugreifen
oder zu beschuldigen, können wir ihm unser Unverständnis,
die Entmutigung und unseren Kampf gegen die schmerzlichen
Erfahrungen des Lebens zum Ausdruck bringen.

**3. Wir müssen lernen, mehr zu uns selber zu reden, als auf
uns zu hören.** Es ist tatsächlich eine hervorragende Sache für uns
alle – ob wir nun an einer Depression leiden oder nicht – an dieser
Fähigkeit zu arbeiten und sie immer weiter zu einer Gewohnheit
im Leben auszubauen. Dadurch, dass wir auf uns selbst einreden,
können wir Probleme im Keim ersticken; wenn wir aber zu sehr auf

uns selbst hören, wird das Fortschreiten der Probleme nahezu immer begünstigt.

Was ist denn das eigentliche Problem beim Hören auf uns selbst? Mit dem Hören auf uns selbst ist gemeint, dass wir jeglichen Weg, den unsere Gedanken einschlagen, gerne mitgehen. Das ist eine passive Handlung, die normalerweise darin endet, dass wir alle widrigen und schmerzlichen Erfahrungen und Gedankengänge unseres Lebens immer und immer wieder in unseren Gedanken durchspielen und wiederholen. Jedes Mal, wenn wir den erlebten Schmerz durchdenken, wird die Erinnerung daran stärker und schmerzvoller. Kleine Kränkungen werden zu riesengroßen Beleidigungen aufgebauscht. Schließlich ist die depressive Person felsenfest davon überzeugt, dass es nichts, aber auch gar nichts Gutes in ihrem Leben gibt – alle und alles seien gegen sie eingestellt.

Wenn wir aber zu uns selbst reden, lenken wir unsere Gedanken in eine bestimmte Richtung. Nachdem wir unsere Traurigkeit und Schmerzen vor Gott ausgeschüttet haben, setzen wir uns hin und stellen uns selbst einige schwere Fragen. Achten Sie auf die Fragen, die der Psalmist sich selber stellt: „Was betrübst du dich, meine Seele, und bist so unruhig in mir?" (Psalm 42,6) Drei Mal stellt der Psalmist in diesen Psalmen die Frage nach dem Grund seiner Traurigkeit und Verzweiflung, die sein Herz beschweren (42,6.12 und 43,5). Er stellt diese Frage absichtlich sich selber, seine Gedanken aber weist er auf Gott hin, „darum gedenke ich an dich…" (Psalm 42,7). Dieser Mensch hat sich nicht passiv seiner Depression hingegeben; er trachtete ganz aktiv danach, die Ursache der Depression herauszufinden und sie zu überwinden.

4. Wir müssen unser Denken auf Tatsachen und nicht auf unsere Gefühle lenken. Menschen, die auf sich selber hören, stehen in der Gefahr, sich auf Mutmaßungen, Annahmen, Gefühle und allerlei andere Dinge zu konzentrieren, die in ihrem Herzen sind. Als Christen müssen wir uns bewusst sein, wie trügerisch unsere Herzen sind. Die Schrift lehrt: „Überaus trügerisch ist das Herz und bösartig; wer kann es ergründen?" (Jer. 17,9) Folglich müssen wir gegenüber den Lügen in unseren Herzen wachsam sein.

Anstatt auf die Meinungen und Lügen unseres Herzens zu hören, müssen wir uns auf die Wahrheiten des Wortes Gottes konzentrieren. Der Psalmist ermahnt sich selbst: „Am Tag *wird* der HERR seine Gnade *entbieten*, und in der Nacht *wird* sein Lied *bei mir sein*…" (Psalm 42,9) Das waren Tatsachen, auf die der Psalmist sich verlassen konnte, er konnte darauf zählen – und er war sich bewusst, dass sie stimmten, denn Gott hatte gesagt, dass sie wahr sind.

Wir müssen lernen, uns selbst genauso an die Wahrheiten zu erinnern, die uns Gott in seinem Wort verheißen hat. Wir müssen täglich in der Bibel forschen, damit unser Denken erfüllt – ja triefend – von Gottes Wahrheit wird. Wenn uns das zur Gewohnheit wird, wird es die irdische Veranlagung, einfach passiv auf alles zu hören, womit unser Herz uns zu täuschen versucht, verdrängen.

5. Wir müssen Verantwortung für das eigene Leben übernehmen und uns eingestehen, kein hoffnungsloser Fall zu sein. Das ist der nächste Schritt zur Überwindung der Depression. Der Psalmist gebot sich selbst: „*Harre auf Gott,* denn ich werde ihm noch danken…" (Psalm 42,6.12; 43,5) Im vergangenen Abschnitt haben wir gesehen, dass den Kindern Gottes sämtliche Möglichkeiten, die sie benötigen, um zu aller Zeit alles zu überwinden, zur Verfügung stehen. „Gott aber ist mächtig, euch *jede Gnade im Überfluss zu spenden,* sodass ihr *in allem allezeit alle Genüge habt* und überreich seid zu jedem guten Werk." (2.Kor. 9,8)

Auch wenn wir uns mal hoffnungslos *fühlen,* müssen wir uns immer wieder ins Gedächtnis rufen, dass unsere Gefühle uns täuschen können und ihnen nicht immer vertraut werden kann, sofern sie der Aussage des Wortes Gottes widersprechen. 1. Korinther 10,13 bestätigt uns: „Es hat euch bisher nur menschliche *Versuchung* betroffen. *Gott aber ist treu; er wird nicht zulassen, dass ihr über euer Vermögen versucht werdet*, sondern er wird zugleich mit der Versuchung auch den Ausgang schaffen, sodass ihr sie ertragen könnt." Wir haben immer die Qual der Wahl, ob wir nun der Wahrheit des Wortes Gottes unseren Glauben schenken oder der Lüge des Teufels.

Es gibt vier schreckliche Lügen über unsere Schwierigkeiten, die der Teufel uns glaubhaft machen möchte. Die erste ist, dass er uns sagt, wir seien die einzige Person auf der Welt, die in so einem Problem steckt. Die zweite Lüge: Gott ist keineswegs treu und er hat uns vergessen. Die dritte Lüge besagt, dass Gott uns über unser Vermögen versucht und wir keine Möglichkeit haben, die Versuchung zu ertragen. Und zuletzt: Wir sind in unserer Lage ein hoffnungsloser Fall, ohne jeglichen Ausweg. Der Vers aus 1. Korinther 10,13 bestätigt uns, dass *keine einzige* dieser Aussagen wahr ist.

Obwohl es stimmt, dass wir nichts aus eigener Kraft tun können, ist Gott doch mehr als fähig, uns in allen diesen Dingen zu helfen. „Ich vermag alles durch den, der mich stark macht, Christus." (Phil. 4,13) Auch wenn wir uns *schwach fühlen,* ist die Wahrheit, dass wir in Christus *stark sind.* Also müssen wir uns selbst dazu bringen, trotz unserer widerstrebenden Gefühle im Glauben nach vorn zu gehen und zwar in der festen Überzeugung, dass Gott treu ist und dass er uns seinem Versprechen gemäß helfen wird.

6. Wir müssen einen Weitblick für das Leben entwickeln. Anders ausgedrückt, wir müssen lernen, über die Geschehnisse des „Heute" hinaus zu blicken und daran zu denken, wie viel Gutes Gott uns in der Zukunft zu schenken verheißen hat. Zum Schluss des 43. Psalms schrieb der Psalmist: „… denn ich werde ihm noch danken, dass er meine Rettung und mein Gott ist." (43,5) Er war sich bewusst, dass das letzte Wort noch nicht gesprochen war und dass er Gott später einmal preisen würde, weil „Gott unsere Zuflucht und Stärke, ein Helfer, bewährt in Nöten" ist (Psalm 46,2).

Josef ist ein gutes Beispiel für jemanden, der einen Weitblick für das eigene Leben hatte. Josef musste viele Jahre seit seiner Versklavung durch seine Brüder warten, bis er der erste Mann nach dem Pharao in Ägypten wurde. Er ertrug viele Jahre der Prüfung, Verfolgung und Ablehnung, bevor Gottes großartiges Ziel in seinem Leben wahr wurde. Wie viele von uns wären wohl bereit, so lange zu warten, um das Gute zu erleben, das Gott in unserem Leben bewirken will?

Josef war fähig zu warten, weil er die Gegenwart im Licht der Zukunft sah, anstatt die Zukunft im Licht der Gegenwart. Er beurteilte seine gegenwärtigen Lebensumstände mit Blick auf Gottes Verheißungen an ihn. Als er noch ein junger Mann war, hat

Gott ihn durch einige Träume erkennen lassen, dass sich alle seine Brüder eines Tages vor ihm verbeugen werden. Josef vertraute auf diese Verheißung und das bewahrte ihn durch viele, viele Jahre der Prüfung hindurch vor Verzweiflung.

Meistens jedoch, wenn Menschen in einer Depression stecken, verhalten sie sich gegenteilig zu dem, wie Josef es tat. Sie sehen die schwierigen Lebensumstände der Gegenwart und schließen daraus, dass es in ihrem Leben immer so weitergehen wird. Wenn ihnen im Augenblick elend zu Mute ist, dann wird es sicherlich auch weiter so seinen Lauf nehmen. Das ist die unbiblischste Art und Weise, das Leben zu beurteilen. Als Gläubige dürfen wir uns nicht dazu hinreißen lassen, so zu denken.

In 2. Korinther 4,16 sagt Paulus: „… sondern wenn auch unser äußerer Mensch zu Grunde geht, so wird doch der innere Tag für Tag erneuert." Die tägliche Erneuerung unseres inneren Menschen, über die Paulus hier schreibt, wird durch die Kraft des Heiligen Geistes bewirkt, der sein Werk in uns tut. Sie geschieht ebenfalls durch den Blick, den Paulus selbst hatte: „… da wir nicht auf das Sichtbare sehen, sondern auf das Unsichtbare; denn was sichtbar ist, das ist zeitlich; was aber unsichtbar ist, das ist ewig." (4,18) Gottes Verheißungen gelten für immer und ewig und sie helfen uns, einen präzisen und hoffnungsvollen, weitsichtigen Blick auf unser Leben zu entwickeln.

7. Wir müssen Geduld lernen! Egal ob du eine Person betreust, die in einer Depression steckt, oder ob du selbst eine Phase der Depression durchmachst, in jedem Fall ist Geduld eine Schlüsseleigenschaft. Wir müssen in unseren Erwartungen auf Veränderung realistisch sein. Wie wir schon betrachtet haben, hat sich der Psalmist dreimal gefragt und aufgefordert:

> „Was betrübst du dich, meine Seele,
> und bist so unruhig in mir?
> Harre auf Gott, denn ich werde ihm noch danken,
> dass er meine Rettung und mein Gott ist!"

Als er zu seiner Seele, also zu sich selbst, sprach, merkte er wahrscheinlich, dass es seinem Gemüt gut tat. Dann aber fiel er wieder in ein Loch der Entmutigung. Also redete er sich weiter zu, was ihn ein wenig aufblicken ließ. Aber wieder wurde er entmutigt.

John Bunyan stellte diese Wahrheit sehr eindrucksvoll in der Begegnung von *Christ* und dem *Riesen Verzweiflung* dar. Nachdem sie einige Zeit lang im Verlies geschmachtet hatten, griff Christ in seine Tasche und wurde durch den Fund eines Schlüssels überrascht. Während der ganzen Zeit, die er und *Hoffnungsvoll* im Verlies des *Riesen Verzweiflung* litten, hatte *Christ* den Schlüssel ganz vergessen. Natürlich ist der Schlüssel ein Bild für die Verheißungen Gottes, die *Christ* kannte, aber er hatte versäumt, sich daran zu erinnern und immer wieder darüber nachzudenken. Den Schlüssel nutzend konnte er die Tür des Verlieses öffnen und herausgehen.

Nun ist eine Depression aber nicht so leicht oder schnell abgetan, was auch Bunyan weise bedachte. Kaum war *Christ* aus dem inneren Verlies geflohen, stand er vor einer weiteren verschlossenen Tür. Erneut öffnete der Schlüssel die Tür, aber nun stand er wieder vor einer verschlossenen Tür. Stück für Stück mühte er sich vorwärts, fiel zurück in seine Depression, drängte sich aber dazu, weiterzugehen. Gottes Verheißungen erwiesen sich immer als wahr und zuverlässig, aber *Christ* musste sie sich in Erinnerung rufen und auf sie vertrauen – immer und immer wieder während eines langen Weges.

Genauso müssen wir darauf vorbereitet sein, geduldig immer weiterzumachen und uns selbst oder die Person, die wir betreuen, aufzufordern, sich auf die Wahrheiten und Verheißungen des Wortes Gottes zu stützen, da der Mensch dazu neigt, diese zu vergessen. Mäßige und massive Depressionen sind normalerweise nicht an einem Tag oder in einer Woche oder in einem Monat überwunden. Es kann durchaus einen längeren Zeitraum in Anspruch nehmen.

Ein Verstand, der sehr tief im Negativdenken verwurzelt ist und sehr lange von den Lügen des Herzens und denen des Teufels beeinflusst worden ist, wird normalerweise nicht im Handumdrehen mit Gottes Wahrheiten vertraut sein. Wir *werden* uns immer wieder schlecht fühlen. Wir werden immer *wieder* den hoffnungsvollen Blick verlieren. Kämpfe, Rückschläge und gelegentliches Fallen sind alle ein Teil des Überwindens von Depressionen. Aber wenn wir das bedenken und erwarten, können wir uns selbst dazu anleiten, diesen Niederlagen nicht zu viel Aufmerksamkeit zu schenken.

Und wieder kommt der Weitblick ins Spiel. Wenn uns das Voranschreiten auch langsam und die Richtung manchmal falsch erscheint, *werden wir doch* durch Gottes Gnade *voranschreiten*. Mit diesem Wissen können wir die gelegentlichen Regenschauer meistern, anstatt zu denken, wir würden von dem aufkommenden Sturm unterspült werden. Wir können uns an die Wahrheit aus 2. Korinther 4,17 klammern: „Denn unsere Bedrängnis, die schnell vorübergehend und leicht ist, verschafft uns eine ewige und über alle Maßen gewichtige Herrlichkeit."

8. Wir müssen eine ganzheitliche Sicht von Gott gewinnen. Befinden wir uns im Kampf gegen die Depression, so denken wir häufig über Gottes Gerechtigkeit, Heiligkeit, Rechtschaffenheit und Zorn nach. Das sind wichtige und tatsächliche Merkmale Gottes, aber zu seinen Eigenschaften gehören auch liebende Güte, Barmherzigkeit und Gnade; er ist langmütig und er vergibt.

Statt uns bestimmte Charaktereigenschaften Gottes vor Augen zu führen, die – in einer Zeit der Niedergeschlagenheit – eine noch größere Entmutigung hervorrufen könnten, müssen wir uns *alle* Eigenschaften Gottes in den Sinn rufen. Das ist die einzige Möglichkeit, wie wir die Hoffnung und Ermutigung wahrnehmen, die Gott für uns bereithält. Zweifellos war der Psalmist ermutigt, als er sich daran erinnerte, dass „der Herr seine Gnade entbieten wird…" (Psalm 42,9) und dass er „zum Altar Gottes, zu dem Gott, der meine Freude und Wonne ist" kommen würde (Psalm 43,4).

In gleicher Art und Weise müssen wir unsere Erkenntnis der Heiligkeit Gottes mit dem Blick auf seine Barmherzigkeit in Waage halten. Wir müssen der Wahrheit seiner Gerechtigkeit und Rechtschaffenheit seine Gunst der Gnade entgegenhalten. Wir müssen daran denken, dass – obwohl er in seinem Zorn gegenüber der sündigen Menschheit gerecht dasteht – der Herr auch „barmherzig und gnädig ist, geduldig und von großer Güte" (Psalm 103,8). Vor allem müssen wir bedenken, dass Gott in allem *gut* ist: „Denn du, Herr, bist gut und vergibst gern; und du bist reich an Gnade für alle, die dich anrufen." (Psalm 86,5)

Der Segen des Gehorsams

Wenn wir treu und konsequent im Gehorsam gegenüber Gottes Wort wandeln, dann können wir uns der Hilfe Gottes im Kampf gegen die Depression sicher sein. Das ist die höchste Pflicht der Kinder Gottes – aber es ist auch die höchste Freude und Lust. Unser Herr hat uns verheißen: „Wenn ihr dies wisst, glückselig seid ihr, wenn ihr es tut" (Joh. 13,17), und „… wer aber hineinschaut in das vollkommene Gesetz der Freiheit und darin bleibt, dieser Mensch, der kein vergesslicher Hörer, sondern ein wirklicher Täter ist, er wird glückselig sein in seinem Tun." (Jak. 1,25)

Schauen wir uns den Bericht einer Frau an, die zu einer Zeit ein lebendiges Beispiel für eine massiv depressive Person war. Als sie zum Gespräch kam, wies sie alle Merkmale einer massiven Depression auf, die wir vorhin erörtert haben. Einige Monate nach Abschluss der Seelsorgebetreuung schickte sie mir einen Brief, in dem sie beschrieb, wie und was Gott in ihrem Leben verändert hat:

Lieber Wayne,

ich muss dir einfach einen Brief schreiben, um dich wissen zu lassen, wie gut es mir geht. Normalerweise war ich – während der letzten sieben Weihnachtsfeste – in den freien Tagen heftig depressiv. Aber dieses Jahr ist mein Herz mit Freude erfüllt über das, was der Herr für mich getan hat und wer er für mich ist. Meine Seele preist ihn. Gelegentlich habe ich immer noch so einige „Durchhänger", aber selbst dabei steht es gut um mich und meine Seele und ich habe ein Vertrauen, das ich bisher nicht kannte.

Als ich dann am anderen Tag meine Andacht hielt, betete ich, Gott möge mich nie vergessen lassen, welchen Schmerz ich erleiden musste und dass ich nie unempfindlich werde – besonders wo ich anderen Menschen schaden könnte. Dann kam es mir in den Sinn: Es war, als wenn ich Gott darum bat, dass er einen Stachel in meine Seite setzte, um mich zu ermahnen, damit ich nicht vergesse oder aufhöre zu wachsen. Nun, wie kann das menschlich möglich sein, dass gerade ich um einen bleibenden Stachel bitte? Ich habe doch durch solch einen Stachel so viel durchgemacht und habe so lange darum gebetet, dass er ihn von mir nähme.

Ich lerne nun langsam, dass Seine Gnade genügt, egal was kommt. Ich scheine wirklich sehr langsam zu lernen. Ich denke an dich und an deine Seelsorgegespräche mit mir. Ich danke Gott für dich und für die Weisheit, die er dir gegeben hat und für das empfängliche Herz, das er mir gegeben hat. Mein innerer Mensch erneuert sich von Tag zu Tag. Mehrere Menschen [niedergeschlagene Freundinnen] haben sich bei mir Rat geholt – gerade in den letzten Wochen. Ich merke, wie Gott mich tatsächlich gebraucht. Ich bestätige und glaube, dass Er mich durch meine Depression brauchbarer gemacht hat, so schmerzlich sie auch war.

Ich wünsche dir, Carol und eurer Familie gesegnete Weihnachtsferien.

Im nächsten Kapitel wollen wir unsere Gedanken weiter auf das biblische Vorgehen zur Überwindung der Depression lenken, indem wir einige Beispiele niedergeschlagener Menschen betrachten, die diese eben erklärten Richtlinien beachteten. Aber bevor wir zum nächsten Kapitel übergehen, bitte ich Sie wieder einmal, sich ein paar Augenblicke Zeit zu nehmen, um über die folgenden Fragen nachzudenken und sie zu beantworten:

Fragen zur Diskussion und Anwendung:

1. Was ist die alles entscheidende Voraussetzung, um Depressionen vorzubeugen und zu überwinden?

2. Welche Schritte müssen unternommen werden, um Depressionen vorzubeugen oder zu überwinden, denen ungeklärte persönliche Schuld zu Grunde liegt? Zwölf Schritte sind erklärt worden. Welche sind es?

3. Erklären Sie mit eigenen Worten, was Paulus mit Philipper 4,4 sagen wollte und was nicht!

4. Welche Bedeutung hat diese Aussage im Bezug auf Vorbeugung und Überwindung von Depressionen?

5. Welcher Abschnitt in der Bibel hilft uns zu verstehen, was Paulus mit Philipper 4,4 meinte und was nicht?

6. Was müssen wir tun, um uns „allezeit im Herrn" zu freuen? Welche acht Prinzipien oder Schritte sind im vergangenen Kapitel beleuchtet worden, um sich so zu verhalten, wie Philipper 4,4 es verlangt?

7. Was sind die vier schrecklichen Lügen, die der Teufel uns über unsere Schwierigkeiten glaubhaft zu machen versucht?

8. Was hat die Aneignung eines Weitblicks für das Leben mit Vorbeugung und Überwindung der Depression zu tun?

9. Erklären Sie, was damit gemeint ist, dass man Geduld lernen muss, um Depressionen vorzubeugen und zu überwinden!

10. Was hat ein ganzheitliches Gottesbild mit dem Vorbeugen und Überwinden der Depression zu tun?

11. Schauen Sie sich den Brief, mit dem dieses Kapitel schließt, genau an. Bitte beantworten Sie danach folgende Fragen: Was sagt der Brief über die Gedanken und Gefühle einer depressiven Person aus? Was sagt der Brief über das Lösen der Depression aus? Welche hilfreiche Sichtweise hatte die Autorin dieses Briefes? Welche Veränderung fand in ihrem Denken statt?

12. Haben Sie persönlich eine gewisse Art von Trübsinn oder dunkle Stunden erlebt, die Sie dann aber überwunden haben, indem Sie die biblischen Wahrheiten dieses Kapitels angewendet haben? Erklären Sie die Eigenarten der jeweiligen Situation, die mit der Befreiung von der mäßigen oder massiven Art der Depression zusammenhängen!

13. Welche Dinge haben Sie aus diesem Kapitel über die Überwindung von Depressionen gelernt, die Ihnen in Ihrem Leben oder in Ihrem Dienst an anderen, für sich selbst oder um anderen zu helfen, hilfreich sein werden?

14. Ergeben die Dinge, die in diesem Kapitel vorgetragen wurden, biblisch gesehen einen Sinn? Mit anderen Worten: Sind sie von der Schrift her begründet?

Kapitel 5
Raus aus dem Dunkel – biblische Beispiele

Die acht Schritte zur Überwindung der Depression lassen sich – komplett oder teilweise – an vielen Stellen der Heiligen Schrift wiederfinden, sei es bei Depression durch falschen Umgang mit schwierigen Lebenslagen oder durch ein falsches Werteverständnis. In diesem Kapitel wollen wir uns an den Beispielen von Asaph, Jeremia und David ansehen, wie sie diese Prinzipien im Leben angewendet und ihre Depression überwunden haben. Sie übten Seelsorge an sich selbst – mit diesen biblischen Wahrheiten.

Asaphs Beispiel

Der Psalm 77 beginnt mit Asaphs Worten: „Ich rufe zu Gott und will schreien; zu Gott rufe ich, und er wolle auf mich hören." (V. 1) Sofort zu Beginn von Asaphs Bericht über seinen Kampf gegen die Depression sehen wir, dass Asaph sich auf Gott konzentriert. Er schrie zu Gott um Hilfe, als es ihm schlecht ging. Anschließend beschrieb er diese Zeit genauer:

> „Zur Zeit meiner Not suchte ich den Herrn;
> meine Hand ist bei Nacht ausgestreckt und ermüdet nicht,
> meine Seele will sich nicht trösten lassen.
> Denke ich an Gott, so muss ich seufzen,
> sinne ich nach, so ermattet mein Geist.
> Du hältst meine Augenlider offen;
> ich werfe mich hin und her und kann nicht reden."
> (Psalm 77,3-5)

In diesen Versen können wir sehen, dass Asaph mit seinem Problem frei und offen vor Gott trat. Er war sich bewusst, dass sein Verhältnis zu Gott zu dieser Zeit nicht in Ordnung war, was in einer Zeit der Depression durchaus üblich ist.

Im letzten Kapitel haben wir gesehen, dass eine Depression gewöhnlich aus mindestens einer von drei Ursachen entspringt: Aus der fehlenden Bereitschaft, sich mit Sünde und Schuld auseinanderzusetzen; aus dem falschen Umgang mit schwierigen Lebenslagen oder aus unbiblischen Maßstäben bzw. Denkmustern. Diese drei Probleme treten nur auf, wenn in unserem Verhältnis zu Gott irgendetwas zwischen ihm und uns steht. Das hat zur Folge, dass ein Mensch, der mitten in einer Depression steckt, weder über Gott noch sonst über geistliche Dinge reden oder sich austauschen möchte, weil er fühlt, dass das grundlegende Problem im eigenen Herzen liegt. Es beunruhigt ihn, über Gott nachzudenken. Genauso ging es Asaph. Asaph gesteht sich sein Problem ein und ist dann aber weiter offen und ehrlich, Gott zu sagen, wie er sich fühlt.

> „Ich gedenke an die alte Zeit,
> an die Jahre der Urzeit;
> ich gedenke an mein Saitenspiel in der Nacht,
> ich sinne in meinem Herzen nach,
> und es forscht mein Geist:
> Wird denn der Herr auf ewig verstoßen
> und niemals wieder gnädig sein?
> Ist's denn ganz und gar aus mit seiner Gnade,
> und ist die Verheißung zunichte für alle Geschlechter?
> Hat denn Gott vergessen, gnädig zu sein,
> und im Zorn seine Barmherzigkeit verschlossen?
> Und ich sage: Ich will das erleiden, die Änderungen,
> welche die rechte Hand des Höchsten getroffen hat."
> (Psalm 77,6-11)

Welch eine Ehrlichkeit dieses Mannes gegenüber Gott kommt hier zum Vorschein! Aber bedenken wir, dass diese Ehrlichkeit dennoch respektvoll war und nie anklagend. Er erhob zu keiner Zeit seine Faust gegen Gott.

Nachdem er nun sein Herz vor Gott ausgeschüttet hat, wendet er sich auf dramatische Art und Weise sich selbst zu und redet auf sich ein, anstatt auf sich selbst zu hören. Er widmet sich ganz und gar den Wahrheiten, die er über Gott wusste:

> „Ich will gedenken an die Taten des HERRN;
> ja, ich gedenke an deine Wunder aus alter Zeit,
> und ich sinne nach über alle deine Werke
> und erwäge deine großen Taten:
> O Gott, dein Weg ist heilig!
> Wer ist ein so großer Gott wie du, o Gott?
> Du bist der Gott, der Wunder tut;
> du hast deine Macht erwiesen an den Völkern!
> Du hast dein Volk erlöst mit deinem Arm,
> die Kinder Jakobs und Josephs."
> (Psalm 77,12-16)

Asaph hört damit auf, die Wahrheiten Gottes gegen die Lügen des Teufels einzutauschen (vgl. Röm. 1,25) und richtet seinen Blick auf das, was er über Gott wusste: Dass Gott seine Kinder nicht aufgibt oder verlässt (5.Mo. 31,8), dass seine liebende Güte nie erlischt (5.Mo. 7,9), dass Gott heilig ist (3.Mo. 11,44) und dass Gott die rettet, die ihn um Hilfe anrufen (2.Sam. 22,2-51).

Asaph richtet seine Gedanken erneut auf das, was er über Gott weiß.

> „Als dich, o Gott, die Wasser sahen,
> als dich die Wasser sahen, da brausten sie;
> ja, das Meer wurde aufgeregt.
> Die Wolken gossen Wasser aus,
> es donnerte im Gewölk,
> und deine Pfeile fuhren daher.
> Deine Donnerstimme erschallte im Wirbelwind,
> Blitze erhellten den Erdkreis;
> die Erde erbebte und zitterte.
> Dein Weg führte durch das Meer

und dein Pfad durch gewaltige Fluten,
und deine Fußstapfen waren nicht zu erkennen.
Du führtest dein Volk wie eine Herde
durch die Hand von Mose und Aaron." (Psalm 77,17-21)

Asaph erinnert sich an das, was er über Gott weiß, und als er sich die Schöpfung ansieht, richtet er seine Gedanken erneut auf Gottes unvorstellbare Kraft und Stärke aus.

Gottes Stärke sollte uns eine gewaltige Ermutigung sein. Wenn wir darüber nachdenken, was Gott alles tun kann, was er tut und was Gott versprochen hat, für uns zu tun, sollten wir ermutigt und mit Hoffnung erfüllt sein. „… er verfährt mit dem Heer des Himmels und mit denen, die auf Erden wohnen, wie er will, und es gibt niemand, der seiner Hand wehren oder zu ihm sagen dürfte: Was machst du?" (Daniel 4,32)

Jeremias Beispiel

Auch Jeremia durchlebte eine Zeit der Depression. Seine Entmutigung und die Art und Weise, wie er während dieser Zeit an sich selbst arbeitete, ist im Buch der Klagelieder niedergeschrieben. Nach einer ehrlichen Beschreibung seiner Gefühle richtet er eine Bitte an Gott: „Gedenke doch an mein Elend und mein Umherirren, an den Wermut und das Gift." (3,19) Dann spricht er zu sich selber:

> „Dieses aber will ich meinem Herzen vorhalten,
> darum will ich Hoffnung fassen:
> Gnadenbeweise des HERRN sind's,
> dass wir nicht gänzlich aufgerieben wurden,
> denn seine Barmherzigkeit ist nicht zu Ende;
> sie ist jeden Morgen neu,
> und deine Treue ist groß!
> Der HERR ist mein Teil!, spricht meine Seele;
> darum will ich auf ihn hoffen." (Klagelieder 3,21–24)

Jeremia stärkt sich, indem er über Gottes Wesenseigenschaften nachdenkt: Seine liebende Güte, sein Erbarmen, seine Treue und

Fürsorge. Er sinnt über das alles nach, weil ihm das Wissen um diese Eigenschaften Hoffnung gibt.

Nachdem er sich einige dieser Eigenschaften Gottes vor Augen geführt hat, nimmt Jeremia seinen Verstand in die Pflicht und konzentriert sich auf die Tatsache, dass Gott mit der Traurigkeit seines Lebens ein Ziel verfolgt:

> „Der HERR ist gütig gegen die, welche auf ihn hoffen,
> gegen die Seele, die nach ihm sucht.
> Gut ist's, schweigend zu warten
> auf die Rettung des HERRN.
> Es ist gut für einen Mann,
> das Joch zu tragen in seiner Jugend.
> Er sitze einsam und schweige,
> wenn Er es ihm auferlegt!
> Er stecke seinen Mund in den Staub;
> vielleicht ist noch Hoffnung vorhanden.
> Schlägt ihn jemand, so biete er ihm die Wange dar
> und lasse sich mit Schmach sättigen!" (Klagelieder 3,25–30)

Jeremia hat eine ganz klare ABC-Sicht des Lebens: „ANFECHTUNG BAUT den CHARAKTER". Vor diesem Hintergrund bringt er sich selbst dazu, drei Dinge zu tun. Erstens weist er sich an, stille vor Gott zu sein und nicht gegen seine Not zu streiten und zu protestieren (3,28). Weiter will er vor Gott demütig bleiben und sich im Klaren darüber sein, dass Gott Versuchungen zur Lehre und Stärkung einsetzt, nicht zur Zerstörung oder Bestrafung (3,27-29). Drittens ermahnt er sich, Milde gegenüber Menschen walten zu lassen, weil Wohlwollen Zorn vermeidet (Spr. 15,1). Am Ende will Jeremia seine Leiden mit Weitsicht betrachten und geduldig auf Gottes Eingreifen warten:

> „Denn der Herr wird nicht auf ewig verstoßen;
> sondern wenn er betrübt hat,
> so erbarmt er sich auch
> nach der Fülle seiner Gnade;

denn nicht aus Lust plagt
und betrübt Er die Menschenkinder.
Wenn alle Gefangenen eines Landes
mit Füßen getreten werden,
wenn das Recht eines Mannes gebeugt wird
vor dem Angesicht des Höchsten,
wenn die Rechtssache eines Menschen verdreht wird
– sollte der Herr es nicht beachten?
Wer hat je etwas gesagt und es ist geschehen,
ohne dass der Herr es befahl?
Geht nicht aus dem Mund des Höchsten
hervor das Böse und das Gute?"
(Klagelieder 3,31-38)

Jeremia denkt an die Tatsache, dass Gott jede Einzelheit seines Lebens in der Hand hält und dass Gott – wie ein Vater seine Kinder – alle die züchtigt, die er liebt (Hebr. 12,5-6), wenn auch „nicht aus Lust".

Als Vater machte es mir keinen Spaß, meine Kinder zu bestrafen. Wenn es doch sein musste, dann nur zu ihrem Besten. Wenn ein Kind die Worte „Mich schmerzt es mehr als dich!" auch nicht versteht, so können alle Eltern bestätigen, dass es so ist. „Denn [unsere leiblichen Väter] haben uns für wenige Tage gezüchtigt, so wie es ihnen richtig erschien; er aber zu unserem Besten, damit wir seiner Heiligkeit teilhaftig werden." (Hebr. 12,10)

Gott führt uns nicht in Betrübnis, weil er es genießt, uns unglücklich zu sehen. Ganz im Gegenteil: Gott würde uns am liebsten nur segnen. Aber manchmal ist der beste Segen eine Prüfung, die uns erstarken und in unserem Charakter Christus ähnlicher werden lässt. „Alle Züchtigung aber scheint uns für den Augenblick nicht zur Freude, sondern zur Traurigkeit zu dienen; danach aber gibt sie eine friedsame Frucht der Gerechtigkeit denen, die durch sie geübt sind." (Hebr. 12,11)

Davids Beispiel

Wir haben uns bereits mehrere Situationen aus dem Leben Davids angeschaut, in denen er mit Depressionen zu kämpfen hatte. Insbesondere in der Zeit, in der er es versäumte, seinen Ehebruch vor Gott und Menschen zu bekennen. Aber selbst eine flüchtige Betrachtung seines Lebens anhand der Bibel zeigt, dass sein Leben nicht von der Depression geprägt war. Wie war das trotz so vieler Schwierigkeiten möglich? David ließ sich von Depressionen nicht niederstrecken, weil er – weise wie er war – sich mit seinen Gedanken und Gefühlen nicht zu sehr auf seine Probleme konzentrierte, sondern vielmehr gelernt hatte, seinen Blick und seine Gedanken an Gott zu klammern. Im Großen und Ganzen betrachtete er sein Leben mit Gottes Augen und so beurteilte und meisterte er jede Lebenslage von Gottes Verheißungen und von Gottes Person her.

Damit ist nicht gesagt, dass David ein Träumer oder ein naiver Narr war, der die Welt einfach durch eine rosa-rote Brille betrachtete. David geriet in seinem Leben in schwierige Situationen und hatte auch Probleme, die ihn in Verzweiflung hätten bringen können und dies zuweilen auch taten: Die Verfolgung durch den König Saul, der Putschversuch seines eigenen Sohnes, Gottes Strafe wegen seines Ehebruchs und Mordes, usw. Aber im Allgemeinen hat er sein Leben nicht nur mit den eigenen Augen, sondern zuerst mit den Augen Gottes betrachtet. Er wusste, dass „vom HERRN die Schritte des Mannes bestätigt werden…" (Psalm 37,23). Er war sich bewusst, dass sein himmlischer Vater ihn liebt und dass er Tragik in Triumph, Probleme in Fortschritt, Sorgen in Segen und Stolpersteine in Treppenstufen umkehren würde.

Als Folge davon konnte David den Großteil seines Lebens mit einem auf Gott gerichteten Blick leben. Er war in der Lage, die Versuchung der Mutlosigkeit zu meistern, indem er zu sich selbst sprach, auf sich selbst einredete, sich selbst ermahnte und in dem Herrn ermutigte. Sicherlich gab es Zeiten, in denen er dem nicht nachkam. In diesen Fällen hatte er dann mit Mutlosigkeit zu kämpfen. Aber immer wieder richtete er seinen Blick neu aus und konnte als Folge davon sagen: „Die Messschnüre sind mir in einer lieblichen Gegend gefallen, ja, mir wurde ein schönes Erbe zuteil.

[...] Darum freut sich mein Herz, und meine Seele frohlockt; auch mein Fleisch wird sicher ruhen." (Psalm 16,6.9)

Das Rennen in Geduld und Ausdauer laufen

Wenn wir uns diese einzelnen, ziemlich kurzen Abschnitte anschauen, sollten wir nicht meinen, dass Probleme der Niedergeschlagenheit einfach oder gar schnell zu lösen seien. Jeder, der Depressionen durchzustehen hatte, weiß, dass sich dieses Problem im Leben sehr tief festsetzt und es uns *häufig* ein langes und sorgfältiges Bemühen abverlangt, um die Depressionen loszuwerden.

Die Psalmen 42 und 43 scheinen anzudeuten, dass die Überwindung von Depression und Niedergeschlagenheit eher ein Prozess ist als ein punktuelles Ereignis. Die Texte lassen nämlich darauf schließen, dass die Depression des Schreibers sich über einen langen Zeitraum entwickelte und erstreckte. Von den Ausführungen her ist wahrscheinlich, dass der Psalmist mehrere Male zwar Fortschritte gemacht hatte, aber dann doch einen Rückfall erlitt. In den Klageliedern haben wir gesehen, dass Jeremia lernen musste, „schweigend zu warten", was uns zeigt, dass seine Depression und ihre Auflösung ein langer Weg waren.

Ich erinnere mich an eine Frau, die ich einige Jahre zuvor in der Seelsorge hatte. Sie hatte sich mindestens dreißig Jahre ihres Lebens mit ihren Depressionen abgemüht und wurde von verschiedensten „Fachkräften für seelische Gesundheit" erfolglos „behandelt". Unmittelbar bevor sie zum ersten Mal zu mir kam, hatte sie einen Selbstmordversuch unternommen, wurde eine Zeit lang gepflegt und dann fast schon gezwungen, mich aufzusuchen. An diesem Punkt hatte sie mit ihrem Leben bereits gänzlich abgeschlossen; sie verrichtete weder ihren Haushalt, noch ging sie zur Kirche. Nur selten verließ sie morgens überhaupt ihr Bett.

Während unserer Zusammenarbeit kam sie anfangs nur sehr langsam voran und steckte auch fest. Trotz ihrer anfänglichen Zweifel begann Stück für Stück durch Gottes Gnade die Veränderung. Und obwohl es mehrere Monate der Seelsorge bedurfte und viel Ausdauer ihrerseits verlangte, kam sie schließlich an einen Punkt, an dem keine Seelsorge meinerseits mehr nötig war. Einige Monate, nachdem wir unsere gemeinsame Arbeit beendet hatten, erhielt ich einen Brief von ihr, in dem sie mir für die Hilfe dankte und Gott für seine Güte ihr gegenüber pries.

Der Prozess der Befreiung von einer Depression lässt sich mit den folgenden Abbildungen verdeutlichen. In der ersten Phase schaut die depressive Person in erster Linie auf die schwierigen Lebensumstände, in der sie sich befindet, **ohne ernsthaft darüber nachzudenken, was Gott damit wohl im Sinn hat.** An diesem Punkt werden Gedanken über Gott meist durch Gedanken über die Größe und Schwere unserer derzeitigen Lebenslage verdrängt. Wenn diese Person dann doch über den Zusammenhang zwischen Gott und ihren Problemen nachdenkt, dann nur in einer sehr oberflächlichen Art und Weise. Gott wirkt dann klein, unbedeutend und unwichtig im Gegensatz zu den Umständen und Hindernissen, die enorm, überwältigend und unüberwindbar erscheinen.

1. Phase

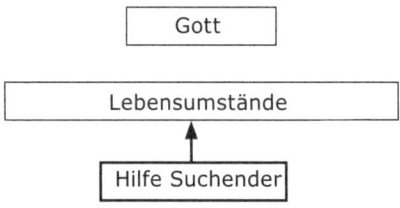

In der zweiten Phase des Befreiungsprozesses **kommt Gott ins Spiel.** Durch die persönliche Bibellese, durch eine Predigt oder durch die Bestrebungen eines gottesfürchtigen Seelsorgers fängt der Betroffene an, über den Zusammenhang zwischen seinen Umständen und dem Wirken Gottes nachzudenken. In dieser Phase der Überwindung fängt der Betroffene an, vor dem Hintergrund seiner derzeitigen Lage über Gott zu lesen und nachzudenken. Er versteht, dass Gott in irgendeiner Weise mit den Geschehnissen zu tun hat, aber die Umstände scheinen viel zu groß, als dass Gott sie im Griff hätte oder haben könnte. Wenn er über seine Schwierigkeiten nachdenkt, ist er durch den Gedanken, dass Gott alles in der Hand haben soll, verwirrt; denn wenn Gott tatsächlich ein Gott der

Liebe, Weisheit und Stärke ist, dann hätte er seiner Meinung nach bestimmte Dinge nie zulassen dürfen oder müsste zumindest etwas tun, um diese Dinge wieder aus der Welt zu schaffen. Seine eigenen Gedankengänge – und nicht Gottes Wort – sind der Maßstab, nach dem er die Eigenschaften Gottes und die Beschaffenheit seiner Lebensumstände bewertet. Die Folge davon ist, dass die Depression, abgesehen von kurzen Zeitspannen der Erleichterung, sein Leben bestimmt.

2. Phase

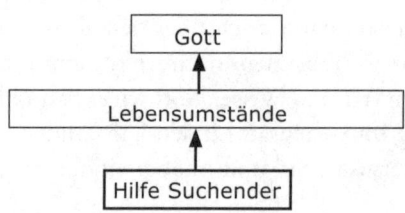

In der dritten Phase des Befreiungsprozesses beginnen sich Haltung und Sichtweise des Betroffenen zu ändern, weil er sich dazu diszipliniert, seine eigene Situation und das Handeln Gottes aus der Sicht der Bibel zu deuten, anstatt sich auf die eigene Deutung oder auf die Deutung der Welt zu verlassen. Wenn er treu und beständig das Wort des Christus reichlich in sich wohnen lässt (Kol. 3,16), hilft ihm der Heilige Geist, über die Eigenschaften Gottes und seine derzeitige Lebenslage biblisch zu denken. Wenn er über Gottes Wort nachsinnt und sich daran erfreut (Psalm 1,1-3), hört er auf, Gott von seinen eigenen Umständen her einzuschätzen und beginnt, durch das lebendige Wort (Jesus Christus) und das geschriebene Wort (die Bibel) zu verstehen, wer und was Gott wirklich ist. Nach und nach verändert der Heilige Geist seinen weltlich geprägten Blick auf die Größe, Hoffnungslosigkeit und Nutzlosigkeit seiner Probleme. Und dann beginnt er – mit der Unterstützung des Heiligen Geistes – die Ereignisse seines Lebens aus der Sicht Gottes zu betrachten.

Anstatt Gott durch die Brille der Schwierigkeiten zu betrachten, sieht er dann die Schwierigkeiten durch die Brille Gottes, nämlich so, wie Gott sie in seinem Wort beurteilt. Anstatt nur über den

Schrecken der unschönen Dinge des Lebens nachzudenken, die in der Welt oder an ihm zu sehen sind, ist er sich der Wahrheit bewusst und wird von ihr geleitet; von der Wahrheit, dass Gott da ist und auf irgendeine Weise „alle Dinge zum Besten dienen" (Röm. 8,28). Außerdem merkt er, dass Gott die Schwierigkeiten nutzt, um ihn zu prüfen und seinen Glauben zu stärken, um ihn vollkommen und vollständig zu machen, damit es ihm „an nichts mangelt" (Jak. 1,2-4). Wenn er weiter daran arbeitet, Gottes Verheißungen zu erkennen und in Anspruch zu nehmen, wird er von der Tatsache, dass er sich nicht fürchten muss und nicht bestürzt zu sein braucht, ermutigt sein, weil sein vertrauenswürdiger Gott ihm die Garantie gibt, ihm mit seiner kräftigen rechten Hand (Jes. 41,10) zu helfen, ihn zu stärken und aufrecht zu erhalten. Sich immer und immer wieder diese biblische Wahrheit ins Gedächtnis rufend, dass, wenn Gott für ihn ist, nichts und niemand gegen ihn sein kann, wird er aus der Tiefe der Depressionen heraus erhoben werden.

3. Phase

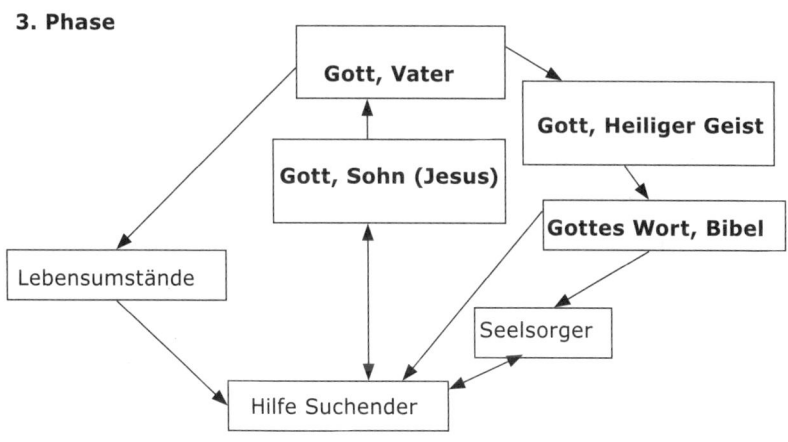

Die Verhaltensentwicklung von der ersten zur dritten Phase kann einige Zeit in Anspruch nehmen. Auch wenn wir unsere Probleme oft möglichst schnell aus der Welt schaffen möchten, sieht Gottes Zeitplan ganz anders aus als unser eigener. Heiligung ist ein lebenslanger Prozess im Leben eines Gläubigen. Unsere

Erlösung in Christus hat einen bestimmten Zeitpunkt, an dem sie in unserem Leben angefangen hat, aber in einem gewissen Sinne hat sie auf dieser Erde kein Ende, sondern dauert unser Leben lang an. Wir werden Stück um Stück Christus ähnlicher gemacht und ein Großteil dieses Prozesses besteht in dem Kampf gegen die Sünde in unserem Leben. Wenn Gott schon so geduldig mit uns ist, dann sollten wir es uns selbst gegenüber auch sein.

Im Yosemite Nationalpark gibt es zwei atemberaubende Felsen, die sich bei Bergsteigern höchster Beliebtheit erfreuen. Sie heißen *El Capitan* und *Half Dome.* Zwar traue ich es mir nicht zu, aber ich habe mir sagen lassen, dass Bergsteiger, die diese Felsen in einem Zug besteigen wollen, sich mehrere Tage darauf vorbereiten müssen. Nach einer gekletterten Tagesetappe treiben sie Haken in den Felsen, befestigen einen Hängebiwak und verbringen die Nacht baumelnd in mehreren hundert Metern Höhe.

Während des Aufstiegs werden sie vom Wind umweht, manchmal versagt die Ausrüstung und sie stecken eine Zeit lang fest, schlafen ist nur schwer und kurz möglich, das Essen ist kalt und dient lediglich der Sättigung und der raue, kantige Felsen setzt den Beinen, Armen, Füßen und Händen des Kletterers zu. Und als wenn diese ständige körperliche Belastung nicht genug wäre, kommt zu allem Überfluss noch die mentale Belastung durch Müdigkeit und die Angst, stürzen und scheitern zu können, dazu.

Warum tun sich die Leute so etwas an? Warum setzen sie sich den schon vorher absehbaren Schwierigkeiten einer so heftigen Klettertour aus? Sie tun es für die in Aussicht stehende Belohnung, den Gipfel zu erreichen. Auf dem Gipfel empfinden sie die Genugtuung einer unglaublichen, selbst erbrachten Leistung und die Möglichkeit, sich hoch oben über allem auszuruhen – ganz zu schweigen von der umwerfenden Aussicht.

Das Überwinden unserer Sündenprobleme ist häufig mit solch einer Bergbesteigung vergleichbar. Es kostet uns Blut, Schweiß und Tränen. Es dauert lange. Zwischendurch gibt es entmutigende Rückschläge auf dem Weg. Es laugt uns körperlich, seelisch und gefühlsmäßig aus. Es gibt Zeiten, da scheint es uns, dass wir es nie schaffen werden, den Sieg davon zu tragen. Aber genau wie die Bergsteiger müssen wir stets das Ziel im Blick haben, da die Belohnung für die Überwindung der Sünde eine weit größere ist als die Belohnung für das Erreichen eines Felsengipfels. Wir können uns auf viel, viel mehr freuen, wenn wir der Sünde widerstehen und sie schließlich überwinden.

Wie aber können wir uns dazu bringen, stets vorwärts zu gehen, wenn uns das Ziel noch so weit entfernt scheint und wir kaum vorankommen? Wie schon zuvor gelernt, müssen wir uns die Haltung aus Philipper 4,13 aneignen: „Ich vermag alles durch den, der mich stark macht, Christus." Zuerst müssen wir uns darüber im Klaren sein, dass wir nichts aus uns selbst heraus können. Alles, was wir erreichen, erreichen wir durch die Gnade Gottes und die Kraft des Heiligen Geistes in uns. Zweitens dürfen wir der Lüge unseres sündigen Herzens keinen Glauben schenken, das sagt: „Ich kann nicht mehr. Es ist einfach zu schwer." Stattdessen sollten wir uns stets daran erinnern, dass wir mit Gottes Hilfe im Stande sind, alles zu tun.

Das beudetet, im Glauben und nicht im Schauen zu leben. Mitten in der Depression kann uns der Weg sehr dunkel erscheinen und der Sturm sich sehr stark anfühlen, aber Gott hat uns nicht dazu berufen, nach dem zu leben, was wir sehen oder fühlen. Er verlangt von uns den Glauben, dass er die Quelle allen Lichts und die Zuflucht vor jedem Sturm ist. Wir müssen unseren Weg weitergehen, wie er es uns geboten hat, wissend, dass „die Finsternis nicht finster für dich ist" (Ps. 139,12) und dass „auch der Wind und der See ihm gehorsam sind" (Mk. 4,41).

Bedenken wir noch einmal die Wahrheiten, die Jeremia in Klagelieder 3,21–25 festgehalten hat:

> „Dieses aber will ich meinem Herzen vorhalten,
> darum will ich Hoffnung fassen:
> Gnadenbeweise des HERRN sinds,
> dass wir nicht gänzlich aufgerieben wurden,
> denn seine Barmherzigkeit ist nicht zu Ende;
> sie ist jeden Morgen neu,
> und deine Treue ist groß!

> Der HERR ist mein Teil!, spricht meine Seele;
> darum will ich auf ihn hoffen.
> Der HERR ist gütig gegen die, welche auf ihn hoffen,
> gegen die Seele, die nach ihm sucht."

Möge uns der Herr diese Dinge in seiner Güte stets in Erinnerung rufen, damit wir im Glauben an seine Verheißungen wandeln und uns nicht auf das verlassen, was wir in und an unseren Lebensumständen sehen. Und nun, bevor wir uns dem nächsten Kapitel zuwenden, ermutige ich Sie, folgende Aufgaben zur Anwendung durchzuarbeiten.

Aufgaben zur Anwendung:

1. Erstellen Sie eine Liste der biblischen Beispiele zur Überwindung der Depression, die wir in den letzten beiden Kapiteln durchgearbeitet haben. Machen Sie einen Vermerk an die Prinzipen, gegen die Sie verstoßen haben. Bekennen Sie ihr Versagen ausdrücklich vor Gott, streben Sie nach Reinigung durch das Blut Christi und bitten Sie um die Kraft des Heiligen Geistes, den biblischen Weg im Umgang mit der Versuchung der Depressionen einzuschlagen.

2. Bitten Sie andere Menschen, für Sie zu beten und Sie zum biblischen Gehorsam hin zu ermahnen. Halten Sie sich von Leuten fern, die Ihnen eine falsche Art des Mitleids entgegenbringen und Sie in ihrem Selbstmitleid, den Entschuldigungen, den Grübeleien oder der Vernachlässigung ihrer Pflichten noch ermutigen. Arbeiten Sie folgende Stellen hinsichtlich der Ratschläge durch, die für Sie nötig sind: 1. Korinther 15,33; Sprüche 22,24-25 und 14,7; Galater 6,1; Hebräer 3,12-13 und 10,24-25. Entscheiden Sie sich, wen Sie um Hilfe im Gebet und um Ermutigung bitten wollen.

3. Erstellen Sie eine „Denk- und Handlungsliste" der nützlichen Dinge, über die Sie nachdenken und die Sie tun können, wenn sie in der Versuchung stehen, in Trübsinn zu fallen. Nehmen Sie sich Philipper 4,8-9 als Hilfe für dieses Vorgehen. Übertragen Sie diese Liste auf eine Karteikarte oder ein Kärtchen, das in

Ihre Brieftasche passt und nehmen Sie diese zur Hand, wenn Sie beginnen, sich niedergeschlagen zu fühlen.

4. Erstellen Sie eine Liste ihrer Verpflichtungen. Markieren Sie die, welche sie gut und regelmäßig erledigen. Stellen Sie auch fest, welche Pflichten Sie vernachlässigt haben (oder bei welchen Sie zur Vernachlässigung neigen), weil Sie sich nicht danach fühlen. Bitten Sie Gott darum, Ihnen zu helfen, Ihren Pflichten nachzukommen, ungeachtet dessen, wie Sie sich fühlen. Erstellen Sie sich einen Tagesablauf und planen Sie die Zeit für Aufgaben ein, die Sie wirklich erledigen müssen, und dann gehen Sie fleißig an die Arbeit. Achten Sie nicht darauf, wie schlecht Sie sich fühlen oder wie ungern Sie bestimmte Dinge machen. Achten Sie vielmehr auf Gott, seinen Willen, seine Verheißungen und Vorsorge für Ihr Leben und auf die Hilfe, die Er Ihnen geben wird, für alles, was Er von Ihnen verlangt (Phil. 2,12–13; 4,13).

5. Schreiben Sie mindestens 50 bis 75 Segnungen und Zusprüche heraus, die Gott Ihnen zugesagt hat. Bedenken Sie jeden Bereich ihres Lebens: Geist, Seele, Körper, Gedankenwelt und Verstand, Finanzen, soziale und gesellschaftliche Kontakte, verschiedene Lebensumstände usw. Ergänzen Sie diese Liste immer wieder, wenn Sie Neues entdecken. Gott beschenkt Sie; bedenken Sie, dass Gott nach Psalm 68,20 täglich unsere Last trägt. Wenn Sie Ihre Liste der Segnungen erstellen, dann danken Sie Gott für jede einzelne. Machen Sie es sich zur täglichen Aufgabe, Gott für besondere Dinge besonderen Dank zu bringen (Phil. 4,8; Ps. 34,2; Eph. 5,20).

6. Erstellen Sie eine Liste der für Sie schweren und herausfordernden Dinge. Danken Sie Gott durch Glauben und im Gehorsam gegenüber seinem Wort für das, was er in Ihnen und durch Sie mit diesen Dinge vollbringen wird (Eph. 5,20; 1.Th. 5,18; Jak. 1,2-4). Danken Sie ihm für die Hilfe, die er Ihnen geben wird; und dafür, dass er mit Hilfe dieser Dinge Ihnen entweder Disziplin beibringen oder Sie dazu bringen wird, Ihr Leben zu ordnen, oder dass er Sie auf Sünden aufmerksam machen wird, usw.

7. Betrachten Sie folgende Bibelverse: Hiob 23,10; Röm. 5,1-4 und

8,14-29; Jakobus 1,2-4; Philipper 1,12-19; Psalm 34,1-4; 76,10; Jesaja 50,10; 2. Korinther 12,7-10; Hebräer 12,1-15; Sprüche 15,13.15; Psalm 119,67; Hiob 5,17-18; 2. Korinther 1,3-11 und 1. Petrus 1,6-7. Schreiben Sie dann alles heraus, was diese Stellen über Gottes Hilfe und über seinen Zuspruch in Nöten lehren, wie wir uns in diesen Nöten verhalten sollten und was Gott durch diese Nöte in uns bewirkt. Lesen Sie die Ergebnisse dieser Bibelarbeit immer wieder durch, wenn Sie in Versuchung geraten, in Trübsinn zu verfallen und danken Sie Gott in besonderer Weise für seine Hilfe, diese Versuchung zu überwinden.

8. Machen Sie sich Bibellese und Bibelstudium, Gebet und Nachdenken über Gott zu einer festen Gewohnheit. Erstellen Sie sich einen Plan zur persönlichen Bibellese, richten Sie sich feste Zeiten für Ihre Andachten ein und zögern Sie nicht, das sich Vorgenommene umzusetzen. Halten Sie schriftlich fest, was Ihnen in Ihren Andachten wichtig geworden ist und was Sie gelernt haben. Bitten Sie reife Christen um Rat, wie Sie ihre Andachten noch besser gestalten können. Arbeiten Sie daran, das Gelernte sofort im Leben umzusetzen und teilen Sie Ihre Erfahrungen mit Ihren Glaubensgeschwistern.

9. Erstellen Sie eine Liste der Situationen, in denen Sie vor Gott, Ihrer Familie, Ihrem Arbeitgeber, der Gemeinde, Ihren Nachbarn usw. versagen. Tun Sie vor Gott Buße über Ihre Sünde und bitten Sie um Vergebung. Bitten Sie um Gottes Hilfe, sich zu verändern und seien Sie eifrig darum bemüht, so zu werden, wie Gott es sich von seinen Kindern wünscht. Wenn Ihre Vergehen öffentlich waren und bestimmte Menschen betrafen, bitten Sie diese um Vergebung. Wie weit Ihre Buße ausgeweitet werden sollte, hängt davon ab, inwieweit diese Menschen bewusst durch Ihre Sünde verletzt wurden (Mt. 5,21-26). Wenn Sie Ihre Sünden bekennen, machen Sie es kurz und bestimmt und achten Sie darauf, die Prinzipien aus Epheser 5,1-6, Matthäus 7,1-5 und Jakobus 4,11 nicht zu verletzen.

Zu guter Letzt suchen Sie einen geistlichen und bibeltreuen Seelsorger auf und bitten Sie ihn, Ihnen zu zeigen, wie Sie im

Allgemeinen zu einem biblischen Lebensstil kommen und ganz speziell die Depression überwinden können. Ihr erster Wunsch im Leben sollte die Verherrlichung Gottes sein – und den können Sie nur dadurch bekommen, dass Sie Ihr Denken und Tun biblisch ausrichten. Wenn Sie es bisher alleine nicht geschafft haben, die Depression zu überwinden, dann suchen Sie einen gottesfürchtigen Seelsorger auf. Bemühen Sie sich darum, einen zu finden und vereinbaren Sie so schnell wie möglich einen Gesprächstermin.

Kapitel 6
Einsam oder *Gemeinsam?*

In einem alten Evangeliumslied heißt es: „Siehe, ich bin bei dir, und
ich verlasse dich nicht." Der Refrain fängt dann mit folgenden Worten
an: „Nein, niemals allein! Nein, niemals allein! So hat der Herr mir
verheißen, niemals lässt er mich allein!" Es ist ein schönes Lied mit
einer herrlichen Melodie und Botschaft. Aber ich bin überzeugt, dass
nur wenige, wenn überhaupt jemand, dieses Lied wirklich ehrlich
singen können. Vielleicht können einige sagen: „Nein, *selten* allein!",
aber nur Einzelne können sagen: „Nein, *niemals* allein."

Einsamkeit – eine allgemeine Erfahrung

Tatsache ist, dass Einsamkeit eine allgemein verbreitete Erfahrung
darstellt. Ganz gleich, ob man jung oder alt, reich oder arm, gläubig
oder ungläubig ist – das Problem des Allein-Seins haben alle. Die
meisten von uns könnten in einer gewissen Weise mit Psalm 142
mitsprechen, wo es heißt: „Ich schaue zur Rechten, siehe, da ist
keiner, der mich kennt; jede Zuflucht ist mir abgeschnitten, niemand
fragt nach meiner Seele." (142,5) David bat Gott inständig, ihn aus
seiner Einsamkeit herauszuholen, indem er sprach: „Höre auf mein
Wehklagen, denn ich bin sehr schwach; errette mich von meinen
Verfolgern, denn sie sind mir zu mächtig! Führe meine Seele aus dem
Kerker." (142,7–8a)

Wahrscheinlich kennen die meisten von uns jemanden, der an
Einsamkeit leidet. Ich kenne eine Frau, die allein und zurückgezogen
lebt und ihre Lebensmitteleinkäufe deshalb nie in einem großen
Supermarkt erledigt. Stattdessen geht sie jeden Tag in einen kleinen
Laden an der Ecke, damit sie da wenigstens ein wenig Gemeinschaft
mit anderen Leuten haben kann.

Eine andere Frau lebte alleine in Philadelphia, im Bundesstaat Pennsylvania. Eines Tage bemerkten die Nachbarn, dass sie nicht wie gewohnt ein- und ausging, also riefen sie die Polizei. Diese brach die Tür auf und fand sie zwar am Leben, aber schwer krank. Man brachte sie daraufhin ins Krankenhaus, das sie einige Zeit später gesund verlassen konnte. Aber als sie sich auf die Entlassung aus dem Krankenhaus vorbereitete, kam ein Polizist und unterrichtete sie darüber, dass man erst einen Kammerjäger anheuern müsse, der etwas gegen die Ratten und Mäuse in ihrer Wohnung unternimmt, bevor sie wieder hinein könne. Zu seinem Erstaunen bat die Frau ihn inständig, dies zu unterlassen, da diese „Die einzigen Freunde sind, die ich habe!" – wie sie sagte. Überall um uns herum gibt es einsame Menschen und wir nehmen sie womöglich nie wahr.

Einsamkeit – eine schmerzvolle Erfahrung

Einsamkeit ist eine weit verbreitete Erfahrung, aber auch eine sehr schmerzliche und unangenehme. In 1. Könige 19 war Elia unheimlich verzweifelt, so verzweifelt, dass er Gott bat, ihn sterben zu lassen. Als Kind Gottes hätte er die Möglichkeit des Selbstmordes nicht in Erwägung gezogen, aber er wollte sterben und bat deshalb Gott, ihn sterben zu lassen. Zweimal erklärt Elia in diesem Kapitel: „... und ich allein bin übrig geblieben." In dem gesamten Zusammenhang, in dem diese Ereignisse stattfinden, wird – wenn wir die vorangehenden Kapitel betrachten – deutlich, dass einer der Gründe, warum Elia sterben wollte, darin lag, dass er sich so elend depressiv fühlte. Zweifellos war die Einsamkeit eine zusätzliche Stufe hinab in die Depression, in der er ohnehin schon war.

Der Herr Jesus erlebte auch eine schmerzliche Einsamkeit, als er im Garten Gethsemane im Gebet rang. Kurz vor dem Ende seines leibhaftigen Wirkens auf der Erde nahm er drei seiner Jünger mit in den Garten und bat sie, mit ihm zu wachen. Er wusste, dass er nicht mehr viel Zeit hatte, bis seine Leiden am Kreuz beginnen würden. Also bat er die Jünger, zu denen er das innigste Verhältnis hatte, mit ihm zu wachen und zu beten. Wie wir wissen, haben die Jünger stattdessen geschlafen.

Und mit Sicherheit hat niemand von uns je eine solch quälende

Einsamkeit durchgestanden, wie Christus sie erfahren musste, als er am Kreuz hing. Die Schrift sagt uns, dass Gott seinen Zorn über unsere Sünde auf Christus ausschüttete. Als es um die Mittagszeit plötzlich dunkel wurde, rief Jesus aus: „Mein Gott, mein Gott, warum hast du mich verlassen?" (Mk. 15,33-34) Ich bin davon überzeugt, dass eine der schmerzlichsten Erfahrungen der gesamten Kreuzigung die schreckliche Einsamkeit war, die Jesus am Kreuz erlebte, als er die Sünden der Welt und den Zorn seines Vaters ertrug.

Dem Apostel Paulus war die Einsamkeit als eine schmerzliche Erfahrung ebenso bekannt. In 2. Timotheus 4 wies er Timotheus an: „Beeile dich, bald zu mir zu kommen!" (4,9) In den darauf folgenden Versen erklärt er, warum er sich so nach ihm sehnt: „Denn Demas hat mich verlassen, weil er die jetzige Weltzeit lieb gewonnen hat [...] Crescens nach Galatien, Titus nach Dalmatien. Nur Lukas ist bei mir..." (V. 10-11) Paulus war so gut wie allein und wünschte sich sehnlichst die Gemeinschaft des Timotheus.

Einsamkeit tut weh – heute wie damals. Daran hat sich nichts geändert. Ein 14-jähriges Mädchen hat den Schmerz der Einsamkeit so beschrieben: „Während ich diesen Satz schreibe, zittert meine Hand, in meinen Augen stehen Tränen und mein Herz schmerzt. Ich bin sowas von einsam." Ein älterer Mann, ein Professor in einer Bildungsanstalt, der einsam war, sagte: „Es fühlt sich an, als sei dort ein großes Loch mitten in meiner Brust. Manchmal ist es ein dumpfer Schmerz – eine Lustlosigkeit. Alles ist geschmacklos, fade; selbst das, was ich sehr gerne mag, wirkt sinnlos, ja sogar schmerzhaft, weil ich mich danach sehne, es mit jemandem zu teilen. Aber wenn ich nach jemandem suche, finde ich niemanden. Ich fühle mich von der Welt abgeschnitten, leer, getrennt von denen, die ich doch so nötig habe." Tatsächlich ist Einsamkeit eine schmerzliche und verzweifelte Lebenslage.

Einsamkeit – eine zerstörende Erfahrung

Einsamkeit kann darüber hinaus auch sehr zerstörend sein. Einsamkeit kommt selten allein, für gewöhnlich bringt sie so einige ihrer bösen Freunde mit – Depression, Wut, Zweifel, Schuld, Selbstmitleid oder Besorgnis. Zwangsläufig fesseln uns diese

„Freunde" die Hände und unterstützen sich gegenseitig in ihrer zerstörerischen Arbeit.

So etwas geschieht, weil ein einsamer Mensch oft wütend ist auf seine Lebenslage, und die Folge ist eine noch größere Einsamkeit. Es tut diesem Menschen um sich selbst Leid und er wird noch einsamer. Diese Abwärtsspirale setzt sich dann immer weiter fort: Ärger gebiert Depression, Depression gebiert noch mehr Ärger und Zorn, und das alles zusammen führt zu Schuld und zu Schuldgefühlen. Schuld führt oft zu Besorgnis und bald darauf klopft die völlige Zerstörung an der Tür, während die Probleme immer größer werden und die Seele vollkommen zu Boden gedrückt ist.

Einsamkeit – ein lösbares Problem

Einsamkeit ist ein weit verbreitetes, schmerzvolles und zerstörendes Problem. Aber dennoch ist sie nicht unüberwindlich. Die gute Nachricht ist, dass uns von Gott und von seinem Wort her Hilfe und Hoffnung bereit stehen. Um zu verstehen, wie dieses Problem gelöst werden kann, müssen wir uns vorher zwei Fragen beantworten. Erstens: Was ist die Ursache für die Einsamkeit? Und zweitens: Wie möchte Gott, dass wir mit dieser Problematik umgehen?

Die Ursachen der Einsamkeit

1. Eine unzureichende Beziehung zu Gott

Ein Ursache der Einsamkeit ist eine unzureichende Beziehung zu Gott. Einige Menschen sind einsam, weil sie keine Beziehung zu Gott haben. In Jesaja 57,20 heißt es: „Aber die Gottlosen sind wie das aufgewühlte Meer, das nicht ruhig sein kann..." Da ist Rastlosigkeit und Leere bei denen, die Gott nicht kennen, und damit sind alle die gemeint, die nicht errettet sind. In Epheser 2,11-12 lesen wir: „Darum gedenkt daran, [...] dass ihr in jener Zeit ohne Christus wart...; ihr hattet keine Hoffnung und wart ohne Gott in der Welt." Augustinus hat einmal gesagt: „Du willst, dass es Freude bereitet, dich zu loben, denn du hast uns zu dir hin geschaffen und ruhelos ist unser Herz, bis es ruht in dir." Ob Sie es nun wahrhaben wollen oder nicht: Die Leere und Einsamkeit der Ungläubigen ist eine direkte Folge ihres Getrennt-Seins von Gott!

Während einige Leute einsam sind, weil sie *keine* Beziehung zu Gott haben, gibt es Menschen, die einsam sind, weil sie ihre Beziehung zu Gott *vernachlässigen*. Das sind Menschen, die eine Bekehrung und Wiedergeburt erlebt haben, aber im Glauben keine Fortschritte gemacht haben und nicht gewachsen sind.

Die Schrift sagt uns Gläubigen: „Wandelt als Kinder des Lichts! Die Frucht des Geistes besteht nämlich in lauter Güte und Gerechtigkeit und Wahrheit. Prüft also, was dem Herrn wohlgefällig ist…" (Eph. 5,8b-10) Mit anderen Worten: Wir müssen im Gehorsam wandeln, ein Leben führen, das dem Willen Gottes entspricht, mit dem Ziel, ein gutes und immer besser werdendes Verhältnis zu Gott zu bekommen. Viele Gläubige sind einsam, weil sie ihr Leben im Ungehorsam führen.

Jesus selbst lehrte das, als er sagte: „Wenn jemand mich liebt, so wird er mein Wort befolgen, und mein Vater wird ihn lieben, und wir werden zu ihm kommen und Wohnung bei ihm machen." (Joh. 14,23) Wir müssen Gottes Wort – seine Gebote – befolgen, um geistliche Erkenntnisse erlangen und die Nähe der Beziehung zu Gott erfahren zu können. Gott gibt sich denen zu erkennen und wohnt bei denen, die ihm gehorsam sind. Es gibt Christen, die leben in tiefer Einsamkeit, weil sie ihre Beziehung zu Gott vernachlässigen.

2. Die Vergänglichkeit des Lebens

Einige Menschen sind wegen der Vergänglichkeit des Lebens einsam. Der Psalmist schrieb über die Nichtigkeit des Lebens: „Die Tage des Menschen sind wie Gras; er blüht wie eine Blume auf dem Feld; wenn ein Wind darüber geht, so ist sie nicht mehr da, und ihre Stätte kennt sie nicht mehr." (Ps. 103,15) In Jakobus 4,14 steht: „… und doch wisst ihr nicht, was morgen sein wird! Denn was ist euer Leben? Es ist doch nur ein Dunst, der eine kleine Zeit sichtbar ist; danach aber verschwindet er."

Das Leben ist wirklich vergänglich und nichtig und deshalb können wir Einsamkeit nicht gänzlich vermeiden. Menschen sterben, ziehen weg oder wechseln die Arbeitsstelle. Das bedeutet für uns, dass unsere Beziehungen einem ständigen Wechsel unterworfen sind und manchmal jäh beendet werden. Dadurch ist es vollkommen nachvollziehbar und verständlich, dass wir eine gewisse Leere empfinden. Wir fühlen uns einsam, wenn unser bester Freund in die Ferne zieht, wenn ein vertrauter Kollege die Arbeitsstelle wechselt oder wenn ein Familienmitglied stirbt und uns bewusst wird, dass wir diesen Menschen in dieser Welt nie wieder sehen werden.

Beziehungen zwischen Christen leiden, wenn Gläubige von einer Gemeinde in die andere wechseln. Als ich die Möglichkeit hatte, Gemeinden zu besuchen, in denen ich früher als Pastor gedient hatte, musste ich oft feststellen, dass die Mitgliederschaft nahezu komplett ausgetauscht war. Die zwischenmenschlichen Beziehungen verändern sich im Laufe unseres Lebens immer wieder – und das hat zur Folge, dass eine gewisse Einsamkeit unvermeidlich ist.

3. Das Wesen unserer Verpflichtungen

Einsamkeit ist etwas, das durch das Wesen unserer Verpflichtungen hervorgerufen wird. Elia war in gewisser Weise einsam, weil er ein bestimmtes Amt inne hatte. In 1. Könige 18 lesen wir, wie Gott Elia auf den Gipfel des Karmel sendet und wie er als Einzelner dem ganzen Volk Israel gegenüber steht und sie herausfordert: „Wie lange wollt ihr auf beiden Seiten hinken? Ist der HERR Gott, so folgt ihm nach, ist es aber Baal, so folgt ihm! [...] Ich bin allein übrig geblieben als Prophet des HERRN..." (18,21-22) Danach forderte er die 450 Propheten des Baal und die 400 Propheten der Aschera zu einer Prüfung heraus, um Feuer vom Himmel herabzubeten. Elia war Gott völlig ergeben und als Folge davon mit einem hohen Amt betraut. Aufgrund dessen konnte er sich nicht unter das Volk mischen und hatte obendrein viele Feinde.

Dasselbe traf auch auf Paulus zu. Paulus predigte das Evangelium und bekannte sich kompromisslos zu der Wahrheit des Wortes Gottes. Obzwar es viele Menschen gab, die Paulus und seinen Dienst würdigten, gab es auch genügend Leute, die das nicht taten. Und gerade diese waren bereit, alles zu tun, um ihn von seinem Dienst abzuhalten. Sie warfen ihn aus der Stadt, steinigten ihn und steckten ihn ins Gefängnis. Paulus erlebte Stunden der Einsamkeit wegen seiner Kompromisslosigkeit im Dienst des Evangeliums und des Herrn Jesus Christus.

Und selbst der Herr Jesus hat – wie wir vorher gesehen hatten – wegen seiner Ergebenheit gegenüber Gott, dem Vater, Einsamkeit durchleben müssen. Die Leute hassten ihn für das, was er war, und dafür, dass er ihnen ihre Sünden aufzeigte. Und wir als Christen können uns sicher sein, dass wir Einsamkeiten erleben werden, wenn wir ohne Wenn und Aber Jesus Christus nachfolgen. In Johannes 15,18 warnt uns Jesus: „Wenn euch die Welt hasst, so wisst, dass sie mich vor euch gehasst hat."

In 1. Johannes 3,1 steht: „Seht, welch eine Liebe hat uns der Vater erwiesen [...] Darum erkennt uns die Welt nicht, weil sie ihn nicht erkannt hat." Mit anderen Worten: Die Welt wird uns ablehnen, weil sie Christus auch abgelehnt hat – und dieser Ablehnung können wir uns nicht entziehen. Wenn wir für die Wahrhaftigkeit des Wortes Gottes einstehen und das Evangelium von Christus predigen, dann führen wir dadurch Angriffe, Ablehnung, Spott und Ausgrenzung herbei. Gläubige werden zweifellos Einsamkeit erleben, gerade wegen ihres Bekenntnisses zu Christus und ihrer Verantwortung, ihm zu dienen.

4. Unsere Sünden und unser Versagen

Einsamkeit wird durch unsere Sünden und unser Versagen hervorgerufen. Während wir nichts gegen die Vergänglichkeit des Lebens und die Ablehnung durch die Welt wegen unseres Glaubens tun können, sind wir an der Einsamkeit durch Sünde und Versagen selbst schuld. Von Sünden, die in Einsamkeit münden, gibt es mehr als genug.

Einige sind einsam, weil sie ängstlich sind. Sie haben Angst, sich zu öffnen, haben Angst, Beziehungen mit anderen Menschen einzugehen, weil sie nicht enttäuscht werden wollen. Ich kenne einen jungen Mann, der sich monatelang nicht traute, eine junge Dame zu einem Treffen einzuladen, weil er Angst hatte, einen „Korb" zu bekommen. Und es gibt viele andere Fälle, wo Menschen sich weigern, sich zu öffnen, weil sie befürchten, dass ihre Bemühungen ohne Wirkung bleiben und ihre Gefühle verletzt werden könnten.

Andere haben Angst, benutzt und ausgenutzt zu werden. Sie wollen nicht in eine Situation hineingeraten, in der sie gefordert sind,

mehr in die Beziehung hinein zu stecken als sie selbst erhalten; und
so wahren sie einen sicheren Abstand zu anderen Menschen. Aber
dieses Verhalten ist nichts anderes als Selbstsucht und Egoismus. 1.
Johannes 4,18 lehrt uns: „Furcht ist nicht in der Liebe, sondern die
vollkommene Liebe treibt die Furcht aus…" Mit anderen Worten:
Haben wir Angst, dann deshalb, weil wir keine Liebe haben.

Ängstliche Leute denken immer an sich. „Was wird er oder sie von
mir denken?" Sie sind von ihren Besorgnissen eingehüllt und stehen
immer vor der Frage, was ihnen alles passieren könnte. Aber Liebe
denkt nie an sich selbst; Liebe hat immer den anderen im Blick:
„Wie kann ich ihm oder ihr dienen? Was brauchen sie?" Liebe kennt
keine Furcht, weil Furcht nach innen gerichtetes Denken ist. Liebe
hingegen ist völlig nach außen gerichtet.

Zum Beispiel: Ich predige und lehre gelegentlich über Themen,
die das biblische Gedankenleben und den Lebenswandel angehen.
Wenn ich davor Angst hätte, würde ich mir Gedanken darüber
machen, dass die Zuhörer davon angewidert werden könnten oder
dass sie mich kritisieren werden oder dass sie mich nie wieder
einladen. Wenn ich aber stattdessen liebevoll denke – dass Gott
mir eine wichtige Botschaft aus seinem Wort heraus gegeben hat
und dass Menschen diese Botschaft hören müssen – dann werde ich
klar und deutlich predigen, um eifrig meine Liebe zu zeigen, indem
ich ihnen das predige, was sie brauchen. Egoistische, selbstsüchtige
Furcht ist eine Sünde, die in Einsamkeit führen kann.

In ähnlicher Weise ist übertriebene Sorge um sich selbst eine
Sünde, die zur Einsamkeit führt. Einige Leute sind so auf sich selbst
bedacht, dass sie echte Probleme haben, Beziehungen aufzubauen.
Wenn sie unter anderen Menschen sind, dann ist alles, wozu sie fähig
sind, das Gespräch über sich selbst. Dabei spielt es keine Rolle, ob sie
über ihre Fähigkeiten und Erfolge oder über ihre Probleme und ihr
Unvermögen sprechen – Hauptsache, es geht um sie. Und am Ende
halten sich viele Leute von ihnen fern.

Einige Menschen sind einsam, weil sie es nicht fertig bringen,
sich anderen gegenüber zu öffnen. Sie igeln sich ein, behalten alles
für sich und bewachen die Geheimnisse ihres Herzens peinlichst
genau. Ich habe eine Menge Leute in der Seelsorge kennen gelernt,

die einsam waren. Und ich war sehr erstaunt, wie viele von ihnen sehr in sich gekehrt und verschlossen waren. Sie haben anderen nicht vertraut und versäumten es, sich anderen gegenüber zu öffnen.

In 1. Johannes 1,7 schreibt der Apostel: „... wenn wir aber im Licht wandeln, wie er im Licht ist, so haben wir Gemeinschaft miteinander, und das Blut Jesu Christi, seines Sohnes, reinigt uns von aller Sünde." Ein Teil des „im Licht wandeln" ist ein transparenter Lebensstil – offen und ehrlich – vor anderen Menschen. Mit anderen Worten: Wir spielen anderen nicht vor, jemand zu sein oder auch nicht zu sein; wir versuchen nicht, unsere Schwächen zu vertuschen. Wenn wir im Licht wandeln, dann geben wir uns anderen zu erkennen und wir lassen sie sehen, wer wir wirklich sind. Die Schrift macht uns deutlich, dass das der Weg zu einem guten Verhältnis, einer guten Beziehung zu anderen Menschen ist – um „Gemeinschaft miteinander" zu haben.

Das gleiche gilt in Bezug auf unser Verhältnis zu Gott. In den folgenden beiden Versen heißt es: „Wenn wir sagen, dass wir keine Sünde haben, so verführen wir uns selbst, und die Wahrheit ist nicht in uns. Wenn wir aber unsere Sünden bekennen, so ist er treu und gerecht, dass er uns die Sünden vergibt und uns reinigt von aller Ungerechtigkeit." (1.Joh. 1,8-9) Offenheit und Ehrlichkeit sind absolut unentbehrliche Verhaltensweisen in unserer Gotteskindschaft. Nur wenn wir unsere Sündhaftigkeit vor Gott zugeben, vergibt uns Gott und versetzt uns wieder in eine gute, geordnete Beziehung zu ihm.

Das Wandeln im Licht – Gott und anderen Menschen gegenüber offen und ehrlich zu sein – ist der Schlüssel einer guten Freundschaft. Es liegt schon einige Zeit zurück, als ich in Allentown, Pennsylvania, auf einer Jüngerschaftskonferenz lehrte. Als ich mit meinem Vortrag fertig war, kam eine Frau auf mich zu und meinte: „Ich möchte auch diese Art der tiefgründigen Freundschaft und Beziehung mit anderen Menschen führen, über die du gerade gesprochen hast. Aber ich kenne keinen Menschen, der gewillt wäre, mir gegenüber offen zu sein. Was also soll ich tun? Ich möchte ja gerne auf andere zugehen und sie um Hilfe bitten und meine Probleme mitteilen. Ich möchte auch anderen helfen, aber die Leute öffnen sich einfach nicht!" Meine Antwort an sie war, dass sie diejenige sein muss, die damit beginnt.

Viele Menschen sind einsam, weil sie sich nie anderen Menschen öffnen. Ob es nun daran liegt, dass sie es nicht schaffen, den ersten Schritt zu tun, oder sich einfach weigern, selbst offen zu sein, spielt keine Rolle. Die Bibel sagt, dass wir offen zueinander sein sollen, wenn wir gute Beziehungen führen wollen. Es ist unmöglich, einen Menschen gut zu kennen und eine tiefe, bedeutungsvolle Freundschaft mit ihm zu führen, ohne dass dieser Mensch sich selbst uns anvertraut und ohne dass wir uns selbst ihm anvertrauen. Das bedeutet auch, dass wir uns der anderen Person gegenüber angreifbar machen. Aber gerade das wird den Anfang des gegenseitigen Vertrauens darstellen. Und dieses Vertrauen wird ein festes Fundament für die Freundschaft sein.

Es gibt viele andere Sünden und Fehler, die zu Einsamkeit führen können, aber diese sind die wichtigsten und häufigsten.

Gottes Lösung des Problems der Einsamkeit

1. Schritt: Akzeptieren Sie das Unvermeidliche!

Da wir nun einige Ursachen der Einsamkeit kennen, können wir uns damit beschäftigen, wie man auf diese Probleme reagieren kann und soll. Der erste Schritt, richtig mit Einsamkeit umzugehen, besteht darin, *die Tatsache zu bemerken und zu akzeptieren, dass eine gewisse Art der Einsamkeit unvermeidlich ist.* Wie wir vorhin feststellten, gibt es mindestens zwei Ursachen, für die wir absolut nichts können, auf die wir keinen Einfluss haben: Die Vergänglichkeit des Lebens und die Natur unserer Verpflichtungen.

Jesus warnt uns in Johannes 16,33 und sagt uns voraus, dass wir Bedrängnisse in dieser Welt haben werden. In Jakobus 1,2 werden wir ebenfalls angewiesen, es für lauter Freude zu erachten, *„wenn* ihr in mancherlei Anfechtungen geratet". Wenn ein Christ meint, er könne jeglicher Einsamkeit in dieser Welt entfliehen, dann wird er bitter enttäuscht werden. Aber als Gläubige haben wir gerade in diesen vorhergesagten Schwierigkeiten eine Hoffnung: „Und nun, so spricht der HERR, der dich geschaffen hat [...]: Fürchte dich nicht, denn ich habe dich erlöst! [...] Wenn du durchs Wasser gehst, so will ich bei dir sein, und wenn durch Ströme, so sollen sie dich nicht ersäufen. Wenn du durchs Feuer gehst, sollst du nicht versengt werden, und die Flamme soll dich nicht verbrennen." (Jes. 43,1-2) Wieder sehen wir, dass das Wort „wenn" gebraucht wurde, was uns darauf hinweist, dass wir in Erwartung dieser Probleme leben sollen. Einsamkeit ist in dieser gegenwärtigen, bösen Welt unvermeidlich. Einige von uns werden mehr, andere weniger Einsamkeit erleiden, aber wir alle werden in irgendeiner Weise damit in Berührung kommen.

Einige Jahre zurück hatte meine Frau das Vorrecht, eine Dame seelsorgerisch zu betreuen, die kürzlich ihren Mann nach etwa 50 Ehejahren verloren hatte. Er war ein wunderbarer Mann und die beiden führten eine gute Ehe. Einsamkeit war also eine unvermeidliche Konsequenz dieses Verlustes, weil der Mensch weg war, mit dem sie 50 Jahre lang alles im Leben geteilt hatte. Meine Frau betreute diese Dame und gab ihr einige sehr praktische Ratschläge, was sie tun könne, um über ihre Einsamkeit hinweg zu kommen. Und obwohl diese Ratschläge wirklich fruchteten und halfen, sagte diese Frau einige Zeit später zu Carol: „Ich empfinde immer noch Einsamkeit!" Meine Frau antwortete: „Du musst lernen, mit einer gewissen Einsamkeit zu leben; du wirst der Einsamkeit nie völlig entfliehen!" Das ist wirklich wahr und solange wir nicht an den Punkt gelangen, an dem wir das akzeptieren, werden wir uns selbst noch mehr Schmerzen und Traurigkeit hinzufügen, indem wir uns vormachen, wir könnten Einsamkeit ein für alle Mal aus unserem Leben verbannen.

2. Schritt: Freuen Sie sich am Nutzen!

Der zweite Schritt, Einsamkeit zu überwinden, besteht darin, sich *klar zu machen, dass Einsamkeit auch einen gewissen Nutzen mit sich bringt.* Weiter in Jakobus 1 heißt es: „Meine Brüder, achtet es für lauter Freude, wenn ihr in mancherlei Anfechtungen geratet, da ihr ja wisst, dass die Bewährung eures Glaubens standhaftes Ausharren bewirkt. Das standhafte Ausharren aber soll ein vollkommenes Werk haben, damit ihr vollkommen und vollständig seid und es euch an nichts mangelt." (V. 2-4) Jakobus' Botschaft an uns Gläubige ist, dass Anfechtungen tatsächlich schmerzliche Erfahrungen sind, aber wir sollten durch das Wissen ermutigt sein, dass Gott sie benutzt, um Gutes in unserem Leben zu wirken. Daher können wir Anfechtungen wie Einsamkeit als nötig und nützlich annehmen.

Wie kann denn Gott Einsamkeit zum Guten in unserem Leben nutzen? Zum Einen kann uns Einsamkeit zu mehr Gebet treiben. Im 142. Psalm schrie David in seiner Einsamkeit zu Gott: „Ich schreie mit meiner Stimme zum HERRN, ich flehe mit meiner Stimme zum HERRN." (V. 2) Wenn Einsamkeit uns näher zu Gott bringt, dann ist das ein gutes Ergebnis.

Einsamkeit kann auch zu mehr Besinnung und zum Nachdenken führen. Sie kann uns dahin bringen, dass wir mehr im Wort Gottes forschen, wenn wir versuchen, herauszufinden, was Gott über unsere Probleme denkt und dazu zu sagen hat. Einsamkeit kann uns dahin bringen, dass wir unser eigenes Leben überdenken, und prüfen, was in unserem Leben verändert werden muss. Dies alles sind nützliche Auswirkungen.

Einsamkeit kann uns behilflich sein, ein gewisses Verständnis und Mitleid für andere zu erlangen, die in ähnlichen Situationen sind. Sie kann dazu führen, dass wir bemerken, dass wir andere Menschen nötig haben. Zeitweise kommt es vor, dass wir uns sehr unabhängig fühlen und nicht merken, wie einsam wir wirklich sind, bis etwas Unerwartetes geschieht. Wir benötigen tiefgründige Beziehungen zu anderen Menschen, um uns einerseits ihrer anzunehmen und andererseits ihnen die Möglichkeit zu geben, sich genauso unser anzunehmen. Wenn wir das im Leben umsetzen, dann kann Einsamkeit ein guter Weg sein, uns anderen Leuten zu öffnen. Auch wenn die Umstände der Einsamkeit sehr schmerzen können, können sie doch nützlich sein, unsere Beziehungen zu anderen zu verbessern.

Schließlich und endlich kann die Einsamkeit nützlich sein, weil sie uns dahin treibt, uns mehr auf den Himmel zu freuen. Im irdischen Leben werden wir nie und mit niemandem eine vollkommene oder beständige Beziehung haben. Aber im Himmel, wo weder Sünde noch Tod mehr sein werden, wird es auch keine zerbrochenen Freundschaften mehr geben. Das Begreifen all dieser nützlichen Aspekte der Einsamkeit ist ein wichtiger Schritt, um sie zu überwinden.

3. Schritt: Lernen Sie Gott näher kennen!

Der dritte Schritt, Einsamkeit zu überwinden, besteht im *Aufbau einer innigen Beziehung zu Gott.* Für diejenigen, die noch keine Christen sind, bedeutet das, dass sie zuerst eine geistliche Neugeburt in Christus erleben müssen. Gottes Kinder werden wir einzig und allein dadurch, dass wir anerkennen, dass wir einen Retter brauchen, unsere Sünden bekennen und bereuen und unseren Glauben an Jesus als einzige Möglichkeit zur Errettung bekennen.

Für diejenigen, die Christen sind, bedeutet das, mehr in der Gegenwart Gottes zu leben. Anders gesagt: Wir müssen aktiv in der Beziehung zu Gott wachsen, so dass er der Dreh- und Angelpunkt unseres Lebens wird – in allem, was wir denken, sagen und tun, zu jeder Stunde des Tages. Ich habe einen Mann kennen gelernt, der sich so sehr eine bessere Beziehung zu Gott wünschte, dass er sich eine Eieruhr besorgte und diese immer auf 15 Minuten stellte. Und alle 15 Minuten, beim Klingeln der Uhr, wollte er daran erinnert werden, kurz über Gott nachzudenken und zu beten. Das machte er mehrere Wochen lang, um seine Gedanken jede Viertelstunde ganz bewusst auf Gott auszurichten, um sich dadurch eine Gewohnheit des Nachdenkens über Gott anzueignen.

Es gibt eine Vielzahl von Möglichkeiten, wie wir mehr und mehr in der Gegenwart Gottes leben können. Margaret Clarkson, eine ledige Frau, hat ein Buch mit dem Titel „Ach, Sie sind nicht verheiratet?"[6] geschrieben. Darin schreibt sie:

> „Meine Einsamkeit hat mich dahin gebracht, dass ich die Gemeinschaft mit Christus gesucht und gepflegt habe. Meine verheirateten Freundinnen verspürten dieses nagende Bedürfnis nicht so sehr wie ich. Ohne es zu bemerken, waren sie im Blick auf das Bedürfnis der Gemeinschaft voneinander abhängig; wenn diese Gemeinschaft dann fehlte, fühlten sie sich gänzlich verloren. Ich habe diese Art der Gemeinschaft nie kennen gelernt und mich mit meinem Bedürfnis nach Gemeinschaft immer an Gott gewandt. Und das hat mich befähigt, immer fröhlich meinen Weg zu gehen, auch wenn ich allein war."

---

6 Schulte & Gerth 1989 *(So You're Single)*

Später beschreibt sie dann, wie sie sich an Gott wandte und Gemeinschaft in ihm fand. Sind wir nun verheiratet oder ledig, wir alle müssen an diesen Punkt kommen. Wir müssen in der Gegenwart Gottes leben.

4. Schritt: Ablegen und Anlegen

Schritt Nummer vier zur Überwindung der Einsamkeit beinhaltet das Ermitteln und Ausräumen der Haltungen und Handlungen, die Einsamkeit fördern, und danach das Einüben von Haltungen und Handlungen, die gute Beziehungen fördern. Es gibt viele sündige Haltungen und Handlungen, die in Einsamkeit führen können – Feindseligkeit, Geschäftigkeit, Faulheit, Angst, Perfektionismus, Ichbezogenheit und vieles mehr. Wenn wir Einsamkeit überwinden wollen, dann müssen wir einen richtigen Umgang mit diesen Haltungen und Handlungen entwickeln.

Gleichzeitig stehen wir aber auch in der Verantwortung, Haltungen und Handlungen zu entwickeln, die für eine tiefgründige und innige Beziehung nötig sind. Die Frucht des Geistes ist eine hervorragende Zusammenfassung dieser Eigenschaften: „Liebe, Freude, Friede, Langmut, Freundlichkeit, Güte, Treue, Sanftmut, Selbstbeherrschung." (Gal 5,22-23) Jeder Mensch, der von diesen Eigenschaften erfüllt ist, wird reich sein an tiefen und bedeutungsvollen Beziehungen.

Davids Freund Jonathan ist ein hervorragendes Beispiel für jemanden, der weiß, wie man ein Freund sein kann. In 1. Samuel wird uns das Leben Jonathans beschrieben und es zeigt, wie ergeben er seinem Freund David gegenüber war – er opferte sich für ihn auf, beschützte ihn, hielt ihm trotz schwieriger Umstände die Treue und war bereit, sein Leben für David zu lassen. Wenn wir die beschriebenen Freundschaftsmerkmale Jonathans sorgfältig und wohl überlegt reifen lassen, können wir uns sicher sein, dass wir Freunde haben werden.

Es gibt noch weitere Abschnitte in der Bibel, die uns lehren, wie man ein guter Freund sein kann. Die „einander-Gebote" des Neuen Testaments sind gut zum Weiterdenken geeignet. Zum Beispiel heißt es in Römer 12,10: „In der Bruderliebe seid herzlich gegeneinander…" Menschen werden sich ganz natürlich zu uns hingezogen fühlen, wenn sie sehen, dass wir ihnen zugetan sind, sie voll unterstützen und aufrichtig um ihr Wohlergehen bemüht sind. Andererseits werden Menschen abgestoßen reagieren, wenn sie merken, dass uns nicht wirklich etwas an ihnen liegt.

Es gibt eine Vielzahl von anderen Geboten dieser Art. In Römer 12,10 heißt es weiter: „… in der Ehrerbietung komme einer dem anderen zuvor!" Das soll heißen, dass wir den anderen Vorrang vor uns selbst geben sollen. Das bedeutet, dass wir uns für sie aufopfern, sie ermutigen und nach Möglichkeiten suchen, ihnen zu helfen, wo es uns möglich ist. Wahre Freundschaft verlangt diese Lebenseinstellung.

Etwas später in diesem Abschnitt sehen wir weitere Aufforderungen: „Seid gleich gesinnt gegeneinander…" (Röm. 12,16), und „Darum lasst uns nicht mehr einander richten, sondern das richtet vielmehr, dass dem Bruder weder ein Anstoß noch ein Ärgernis in den Weg gestellt wird." (Röm. 14,13) Eins der größten Hindernisse für eine tiefgründige Freundschaft ist eine kritische Denkweise. Wenn wir die Art Mensch sind, die immer über etwas klagt, immer verurteilt und überall einen Schuldigen findet, dann müssen wir uns ändern. Stattdessen sollten wir aufrichtig um unser Gegenüber besorgt sein. Eins der besten Gegenmittel gegen die durch Einsamkeit verursachten Depression besteht darin, auf andere zuzugehen und ihnen die Hand der Freundschaft entgegenzustrecken.

Folgen wir der Spur des Textes, treffen wir auf Römer 15,7: „Darum nehmt einander an, gleichwie auch Christus uns angenommen hat, zur Ehre Gottes!" Wir müssen anderen Menschen vermitteln, dass wir sie annehmen. Das heißt nicht, dass wir über alles hinwegsehen müssen, was sie tun, oder gar alles gut heißen, aber es heißt, dass wir sie annehmen und lieben sollen, weil Christus genauso mit uns verfahren ist. Christus nahm uns aus Gnade an, nicht weil wir etwas getan oder nicht getan hätten – und in dieser Art und Weise sollen wir andere genauso annehmen.

Das Studium der „einander-Gebote" in der Schrift wird uns eine sehr gute Hilfe sein, zu erkennen, was unsere Verantwortung anderen Gläubigen gegenüber ist, und welche Eigenschaften für eine gelungene Beziehung wichtig und notwendig sind. Es ist meine feste Überzeugung – bestätigt durch die vielen Beispiele von Menschen, die ich durch schwere Einsamkeiten seelsorgerisch betreuen durfte –, dass diejenigen, die mit Einsamkeiten zu kämpfen haben, in irgendeiner Weise diesen „einander-Geboten" und Eigenschaften nicht nachkamen. Und weiter bin ich genauso davon überzeugt, dass einsame Menschen tiefgründige und erfüllende Beziehungen aufbauen können, wenn sie diese Dinge im Leben umsetzen.

5. Schritt: In die Tat umsetzen

Wie können wir diese Dinge in unserem Leben in die Tat umsetzen? Als erstes – wie bereits erwähnt – tun wir gut daran, alle „einander-Gebote" der Schrift sorgfältig und gründlich zu studieren. Eine Möglichkeit ist, sich eine Bibelkonkordanz zu besorgen und die Bibel anhand der angegebene Stellen durchzuarbeiten und zu sehen, was unsere Verantwortung gegenüber unseren Mitmenschen ist. Das kann ein Teil unserer täglichen Andacht sein und es ist sehr hilfreich, sich dazu jedes einzelne Gebot herauszuschreiben.

Zweitens müssen wir uns selbst in Bezug auf jede Freundschaft nach den Maßstäben der Schrift einschätzen und überprüfen. Dazu sollte eine Liste mit verschiedenen Anweisungen und Eigenschaften erstellt werden, anhand der wir prüfen können, ob unser Verhalten der biblischen Lehre entspricht, indem wir jeweils vermerken: „Das tue ich immer", „das tue ich manchmal", „das tue ich selten" oder „das tue ich nie". Und an jedem Punkt der Liste, der die Bewertung „manchmal", „selten" oder „nie" erhält, müssen wir gezielt arbeiten.

Drittens sollten wir uns gründlich Gedanken machen und eine Namensliste von Menschen erstellen, mit denen wir Tag für Tag zu tun haben und an denen wir diese Dinge üben wollen. Für die Leser, die verheiratet sind, heißt das, dass ihr Ehepartner und ihre Kinder an oberster Stelle der Liste stehen. Weiter kann diese Liste Namen besonders guter Freunde, anderer Familienmitglieder, Nachbarn, Gemeindemitglieder und anderer Menschen, mit denen man regelmäßig zusammenkommt, enthalten.

Viertens: Erstellen Sie eine Liste mit mindestens dreißig verschiedenen Möglichkeiten, wie Sie die „einander-Gebote" im

Alltag umsetzen wollen. Zum Beispiel könnte man etwas schreiben wie: „Ich möchte Volker P. helfen, sein Auto zu reparieren." Jeder Punkt sollte eine konkrete Idee sein, wie wir einer Person am besten dienen können. Oder: „Ich will Heike G. ermutigen, indem ich ihr einen kurzen Brief schreibe, und ihr sagen, wie sehr ich ihre fröhliche Art schätze." Oder: „Ich möchte ein harmonisches Verhältnis mit Michaela F. wahren und ihr die Verantwortung für die nächste Frauenstunde übertragen."

Fünftens könnte man sieben bis acht Wochen lang eine Art Tagebuch führen, in dem man täglich festhält, wie man seine Ideenliste abgearbeitet hat. Wenn man seine Fortschritte in dieser Weise nachvollzieht, kann das ein große Hilfe und Ermutigung sein, zu sehen, was Gott in und durch uns bewirkt hat, und es wird uns anspornen, diese Dinge weiter zu tun.

Ich bin sicher, dass, wenn wir diesen biblischen Weg zum Aufbau tiefer und inniger Beziehungen einschlagen, es nicht lange dauern wird, bis viele von uns sagen werden: „Auf meinem Lebensweg bin ich nur selten einsam!" Wenn wir die biblischen Wahrheiten dieses Kapitels in unser Leben einfließen lassen, können wir zu Menschen werden, deren Erfahrungen mit Einsamkeit zur Nebensache werden. Gott hat uns in der Schrift alles gegeben, was wir zum Leben und zur Gottesfurcht nötig haben. Jegliche Hilfe zum Aufbau einer tiefen und inniger Beziehung zu Gott und einer tiefen und inniger Beziehung zu Menschen hält uns Gottes Wort bereit.

Gott helfe uns, dass wir nicht nur hören, was er uns zu sagen hat, sondern auch gehorsame Täter werden, wozu uns Jakobus 1,25 auffordert. Gott helfe uns in der Erkenntnis seines Wortes zu wachsen und in unserem Leben zu ändern, was geändert werden muss. Wenn wir uns selbst prüfen und nach Wachstum streben, wird Gott uns die Kraft und Stärke geben, ihn zu verherrlichen und ein erfülltes und sinnvolles Leben zu leben.

Fragen zur Diskussion und Anwendung:

1. Stimmen Sie dem zu, dass Einsamkeit durchaus eine allgemein verbreitete Erfahrung ist?

2. Welche Beispiele für Einsamkeit werden uns im Wort Gottes beschrieben?

3. Kennen Sie Menschen, die wirklich überaus einsam sind? Fühlen Sie sich selbst einsam?

4. Was ist damit gemeint, dass Einsamkeit eine sehr zerstörerische Erfahrung sein kann? Inwiefern kann das zutreffen?

5. Stimmen Sie dem zu, dass eine der Ursachen für Einsamkeit eine mangelhafte Beziehung zu Gott ist? Warum ist das wahr?

6. Was ist damit gemeint, dass eine der Ursachen für Einsamkeit die Vergänglichkeit des Lebens ist?

7. Eine Ursache der Einsamkeit ist das Wesen unserer Verpflichtungen. Wie kann das stimmen? Nennen Sie Beispiele!

8. Was ist damit gemeint, dass eine der Ursachen für Einsamkeit in unseren Sünden und in unserem Versagen liegt? Wie kann das sein? Nennen Sie Beispiele!

9. Es wurde gesagt, dass man zum Überwinden von Einsamkeit das Unvermeidliche akzeptieren muss. Wie ist das möglich?

10. Eine Möglichkeit, das Problem der Einsamkeit zu lösen, besteht darin, sich an dem Nutzen des Alleinseins zu freuen. Zählen Sie die nützlichen Aspekte der Einsamkeit auf!

11. Was ist damit gemeint, dass wir in der Gegenwart Gottes leben müssen, um die Einsamkeit zu überwinden? Wie kann man das machen?

12. Als ein weiterer Weg aus der Einsamkeit ist das stetige „Ablegen und Anlegen" genannt worden. Was muss abgelegt werden und was müssen wir uns aneignen, um Einsamkeit zu überwinden?

13. Haben Sie selbst in irgendeiner Weise Einsamkeit durchlebt? Versuchen Sie zu erklären, welches die Einzelheiten waren, die diese Einsamkeit ausmachten.

14. Was haben Sie (für sich selbst oder um anderen zu helfen) aus diesem Kapitel über die Ursachen der Einsamkeit gelernt, das Ihnen in Ihrem Leben oder in Ihrem Dienst an anderen hilfreich werden könnte?

15. Ergeben die Dinge, die in diesem Kapitel vorgetragen wurden, biblisch gesehen einen Sinn? Mit anderen Worten: Sind sie von der Schrift her begründet?

Kapitel 7
Fragen und Antworten

1. Wie bringt man einen Hilfe suchenden Menschen dazu, seine Probleme nicht immer wieder durchzuspielen?
Machen Sie das, was Gott mit Elia und Jona tat: Stellen Sie der Person Fragen, die sie in die richtige Richtung lenken. Die Art der Fragen, die Sie stellen, gibt die Richtung des Gesprächs an.

Ich betreute eine Frau, die während des Gesprächs fortwährend ihr Leid aus ihrem Innersten herauskramte und an einem Punkt sagte ich ihr: „Sie verschlimmern die Situation nur noch dadurch, dass Sie diese immer und immer und immer wieder durchspielen. Hat das etwas gebracht? Hat es das Problem nachhaltig gelöst? Für den Augenblick, wenn Sie sich mal wieder aussprechen, fühlen Sie sich zwar besser. Aber tatsächlich schaden Sie sich damit nur noch mehr. Wenn ich also weiter zulasse, dass Sie so verfahren, dann schade ich Ihnen ebenfalls."

In dieser Situation saß dieses Verhalten so tief in ihr fest, dass sie große Schwierigkeiten hatte, sich selbst in den Griff zu bekommen. Also fertigte ich für sie ein kleines Kärtchen mit dem Bild eines CD-Spielers darauf an. Danach vereinbarten wir, dass jedes Mal, wenn sie wieder anfangen wollte, über ihr Leid zu klagen und es neu durchzuspielen, ich ihr diese Karte zeigen würde. Ich sagte dazu dann immer: „Sie spielen mir schon wieder das alte Lied vor!" Und das war für sie eine gute Erinnerung, dass sie aufhören sollte, sich immer wieder zu beklagen.

Als Seelsorger ist es wichtig, ein guter Zuhörer zu sein. Dennoch darf man nicht zulassen, dass der Gesprächspartner sein Leid immer und immer und immer wieder beklagt und durchspielt.

2. Wie kann man wiederkehrende oder ungewollte Gedanken unter Kontrolle bringen oder loswerden?

Ungewollte, sündige Gedanken kann man durch die Gewohnheit, sie durch geistliche Gedanken zu ersetzen, loswerden. Es ist das Ablegen-und-Anlegen-Verfahren aus Kolosser 3,8-10 und anderen Schriftstellen. Wenn man weiß, dass man dazu neigt, in den Strudel der sündigen Gedanken hineinzugeraten, dann muss man im Voraus planen, worüber man nachdenken möchte, wenn einen wieder die sündigen Gedanken gefangen zu nehmen drohen. Wenn man damit wartet, bis der Strudel wieder einsetzt, dann ist es unglaublich schwer, sich mit guten Gedanken zu beschäftigen. Man sollte es wie Joseph in Ägypten machen, als er das Land auf die kommende Hungersnot vorbereitete. Er wusste, dass auf die sieben reichen Jahre sieben Jahre der Not folgen würden, also sammelte er im Voraus.

Gleichermaßen muss man sich Dinge, mit denen man sich beschäftigen möchte, überlegen und planen, während man gerade nicht mitten in der Versuchung der sündigen Gedanken steckt. Man könnte sich dazu einige Bibelverse herausschreiben, über die man nachdenken will, oder die Aufnahme eines Vortrags oder einer Predigt bereit legen, die man sich gerade dann anhört, oder eine Beschäftigung planen, die einen so beansprucht, dass man sich nicht mit anderen Dingen beschäftigen kann. Welche Art der Beschäftigung auch immer hilfreich sein kann, dieser sollte man nachstreben – aber sie sollte im Voraus vorbereitet werden.

Eine Frau bei mir in der Seelsorge hätte es nie für möglich gehalten, von diesen ungewollten Gedanken frei zu werden – aber sie wurde frei. Zuweilen wachte sie nachts auf und ihre sündigen Gedanken machten mit ihr eine wahre Achterbahnfahrt. Ich half ihr, einen Plan aufzustellen, wie sie auf diese Zeiten reagieren und was sie stattdessen tun sollte. Für bestimmte Zeit übte sie sich darin, an anderes zu denken und so kam sie aus diesem Strudel heraus, was ihr vorher unmöglich erschien. So können wir festhalten, dass die Befreiung von solchen Gedanken ein Prozess ist – aber sie ist möglich. Die Schrift lehrt uns: „... *übe dich* der Gottesfurcht" (1.Tim. 4,7), und gerade diese „Übung" ist hier erforderlich.

3. Wie gehen Sie mit Kindern um, bei denen eine Depression festgestellt wurde, insbesondere wenn diese die Scheidung ihrer Eltern miterlebt haben?

Ich glaube, dass die Ursachen, die einer Depression zu Grunde liegen, sowohl für Kinder als auch für Erwachsene die gleichen sind. Ich sehe keinen Unterschied hinsichtlich dessen, was das Wort Gottes über die Beschaffenheit und die Lösung unserer Probleme zu sagen hat – egal, ob jung oder alt, Mann oder Frau, usw. Ich bin mir bewusst, dass säkulare Therapeuten mir nicht zustimmen werden, aber – offen gesagt – bin auch ich herzlich wenig von dem beeindruckt, was die Welt dazu sagt. Jedes Fachgebiet und jede Denkrichtung – die Psychoanalyse, die Verhaltensforschung, die Soziologie, die Biologie – hat eine eigene Sicht und ein eigenes Verständnis von den Ursachen und der Entwicklung der Depression.

Ich nähere mich der Depressionsproblematik von der Sicht des Wortes Gottes her, weil ich denke, dass wir da alles Nötige finden, was wir zum Leben und zum Wandel in der Gottesfurcht brauchen (2.Pe. 1,3). In Bezug auf Kinder besteht das Problem häufig darin, dass Kinder sich selbst als „schlecht" beurteilen. Es kann sein, dass sie mitbekommen haben, wie Mama und Papa ihretwegen gestritten haben und so schlussfolgern sie, dass sie der Grund der Ehescheidung sind. Sie meinen dann, dass, wenn sie vielleicht gehorsamer gewesen wären, Mama und Papa sich nicht hätten scheiden lassen. Und so entstehen Schuldgefühle – ob berechtigt oder nicht. Obwohl sie gegen keinen der Maßstäbe Gottes verstoßen haben, so haben sie doch Gottes Maßstäbe gegen irgendwelche anderen eingetauscht und sich dadurch tatsächlich schuldig gemacht.

Auf der anderen Seite können Kinder natürlich unbiblische Ziel- und Wertvorstellungen haben. Auch sie sind Sünder und wenn ihre sehnlichen Erwartungen und Wünsche nicht in Erfüllung gehen, können sie überaus traurig werden. Ich erinnere mich an ein Paar, das vor einiger Zeit ihren Sohn zu mir in die Sprechstunde gebracht hatte. Dieser Junge war gerade mal sechs oder sieben Jahre alt und hatte einen Selbstmordversuch hinter sich. Als ich ihn zum ersten Mal sah, war er sehr sehr niedergeschlagen. Ich sprach mit ihm zunächst unter vier Augen. Danach jedoch habe ich nur noch mit den Eltern gesprochen, weil ich glaube, dass Gott Kindern Eltern gegeben hat, damit sie die Seelsorger der Kinder sind. In Epheser 6,4 steht: „Und ihr Väter, reizt eure Kinder nicht zum Zorn, sondern zieht sie auf in der Zucht und Ermahnung des Herrn." Das Wort, das mit „Ermahnung" übersetzt wurde, kann auch „Seelsorge" bedeuten.

Ich bin der Meinung, dass Eltern selbst daran arbeiten sollen, die Probleme ihrer Kinder zu erkennen und dass sie ihnen dabei helfen sollen, diese zu lösen. Als ich mit den Eltern über diese Verantwortung sprach, musste ich feststellen, dass das Paar einige schwerwiegende Eheprobleme hatte und es ihnen an so einigen erzieherischen Fähigkeiten fehlte. Ich beriet sie hinsichtlich ihres persönlichen Lebenswandels, ihrer geistlichen Reife, ihres Ehelebens und wie sie mit ihrem Sohn verfahren sollten. Als die Eltern ihr Leben ordneten, kam ihr Sohn ebenfalls zurecht. Er wurde fleißiger und verhielt sich besser in der Schule. Ich sprach nur noch ein weiteres Mal mit ihm – bei unserer letzten Sitzung.

Das ist grundsätzlich die Art und Weise, wie ich mit Kindern verfahre – ich betreue die Eltern seelsorgerisch, damit sie die Kinder betreuen können. Wenn die Eltern nicht einlenken, dann spreche ich auch allein mit dem Kind. Aber ein Kind muss im Alltag gute Vorbilder erleben und es braucht die Unterstützung und Betreuung durch die Eltern, um die eigenen Probleme zu überwinden.

4. Über die Betreuung depressiver Menschen haben Sie mehrere Aussagen gemacht wie „Stellen Sie Fragen, um die Person vorsichtig herauszufordern, die eigenen Erwartungen und Überzeugungen einzuschätzen.", und „Seien Sie sehr geduldig mit diesen Menschen. Ermahnen Sie nicht zu schnell, und wenn es doch nötig ist, dann machen Sie es durch die Blume auf eine indirekte Art und Weise." Wenn ich die Sprüche Salomos richtig verstehe, dass derjenige, der unfähig ist, Zurechtweisung anzunehmen, ein Tor ist, inwieweit erziehen wir dann solche Toren, indem wir sie durch die Blume auf eine indirekte Art und Weise ermahnen?

Das Prinzip, dem ich hierbei folge, ist „seid klug wie die Schlangen und ohne Falsch wie die Tauben" (Mt. 10,16). Oder wie es in

Sprüche 12,18 heißt: „Wer unbedacht schwatzt, der verletzt wie ein durchbohrendes Schwert; die Zunge der Weisen aber ist heilsam." Mit anderen Worten: Rede so, dass dein Gegenüber dir auch zuhört und nicht zu einer sündigen Reaktion gereizt wird.

Jesus selbst nutzte oft Gegenfragen als Antwort, anstatt die Menschen direkt zu ermahnen. Es ist möglich, etwas sehr deutlich zu sagen, dieses aber in einer indirekten Art und Weise. Als Gott zum Beispiel Jona nach seiner Meinung zu Ninives Bußfertigkeit fragte, sagte er: „Ist es recht, dass du so zornig bist?" (Jona 4,4) Gott hätte auch etwas sagen können wie: „Jona, ich kann dir zehn gute Gründe nennen, warum du über das Geschehene nicht zornig sein solltest!"

Sprüche 15,2: „Die Zunge der Weisen gibt gute Lehre…" Wenn wir also Seelsorge betreiben, müssen wir uns selbst fragen: „Wie kann ich dieses oder jenes so verpacken, dass die Person mir Gehör schenkt und auch annimmt, was ich sage?" Ich meine, dass gerade das Weisheit ist. Einem Problem aus dem Weg gehen, ist eine Sache, aber ein Problem gütig und hilfreich zu verdeutlichen, eine andere.

Depressionen und andere Probleme

1. Welcher Zusammenhang besteht zwischen Zorn und Depression?

Es gibt mehrere Faktoren, die zu einer fortschreitenden Depression beitragen. In manchen Fällen ist es äußerst schwierig festzustellen, was der Same und was die Frucht ist – ob nun ein Problem wie zum Beispiel Zorn als erstes da war und daraufhin die Depression kam, oder ob es andersherum war. Klar ist, dass ein zorniger Mensch nicht glücklich sein wird; man kann nicht stets in Zorn, Bitterkeit, Groll und Feindschaft leben, ohne dabei unglücklich zu sein. Auf der anderen Seite können wir mit Sicherheit sagen, dass, wenn eine Person in einer Depression steckt – ganz gleich ob mild oder mäßig –, diese viel eher wegen der Depression in der Gefahr steht, frustriert zu sein oder einen Wutausbruch zu bekommen. Für einen Seelsorger ist es daher wichtig – wenn möglich – viele Einzelheiten von der Person zu erfahren und zusammenzutragen, um herauszufinden, was die genaue Ursache ist. Aber allgemein kann man sagen, dass Zorn eine übliche Auswirkung einer Depression ist.

2. Welcher Zusammenhang besteht zwischen Angst und Depression? Und wie hilft man jemandem, der an Panikattacken, panischer Angst und anderen psychischen Störungen leidet?

Noch einmal: Depression geht oft Hand in Hand mit verschiedenen anderen Problemen einher. Wenn Sie ein besonders ängstlicher und besorgter Mensch sind, dann können sie nicht gleichzeitig ein fröhlicher Mensch sein. Und in einigen Fällen macht es keinen Unterschied, was die Ursache und was die Wirkung ist, weil auf beide Probleme eingegangen werden muss. Wenn ein Mensch an Angstzuständen leidet, muss er hinsichtlich seiner Ängste, der Panikattacken, usw. betreut werden. Der Seelsorger sollte die Betroffenen dazu anleiten, sich Gedanken darüber zu machen, welches Verhalten die Bibel während dieser Panikattacken verlangt, damit sie mehr und mehr den Frieden Gottes, der allen Verstand übersteigt, erfahren und erleben.

Um diesem nachzukommen, sollte auf die vorangegangenen Abschnitte hingewiesen werden, in denen es um die Befreiung von der Depression ging. Ich möchte meine Ratschläge nicht zu stark vereinfachen, weil ich will, dass die Betroffenen verstehen, dass Gott zu diesem Thema nicht nur ein wenig, sondern viel zu sagen hat. Gott hat so einiges dazu zu sagen. Das Traurige ist, dass wir ihn so oft nicht aussprechen lassen. Wir meinen, die Bibel hätte nicht genug Antworten auf unsere allgemeinen, alltäglichen Probleme. Die Wahrheit jedoch ist, dass die Bibel diese Antworten bereit hält, wir aber nur zu wenig in ihr geforscht haben.

3. Wie kann man die Heilige Schrift einsetzen, um Menschen zu helfen, die an verschiedenen krankhaften Ängsten oder Zwangsvorstellungen leiden?

Wann immer wir Seelsorge an solchen Menschen praktizieren, ist es wichtig, möglichst viele Informationen zu sammeln, um zu erfahren, welche theologischen Aspekte mit diesem Problem zusammenhängen. Eine falsche Auffassung von Gott – das fehlende Verständnis der Rechtfertigung aus Gnaden durch den Glauben – kann zu diesen Dingen führen. Menschenfurcht oder ein übermäßiges Verlangen, es allen recht zu machen, kann ebenfalls dazu beitragen.

Da gibt es beispielsweise Menschen, die sich ständig die Hände waschen müssen. Dies kann ein Hinweis darauf sein, dass sie sich mit Schuld herumplagen. Sie haben keine Freiheit in Christus, so wie es Römer 8,1 lehrt: „So gibt es jetzt keine Verdammnis mehr für die, welche in Christus Jesus sind." Ein Mann, den ich betreute, hatte ständig irgendwelche Befürchtungen. Wenn er nach dem Gottesdienst aus der Parklücke fuhr, erschrak er jedes Mal: „Habe ich nicht beim Ausparken einen anderen Wagen angefahren?" Wenn er sich schlafen legte, dachte er: „Habe ich die Haustür abgeschlossen?" Wenn er morgens das Haus verließ, fragte er sich: „Habe ich den Herd ausgemacht? Wird das Haus abbrennen?" Und wenn er in der Fußgängerzone mit jemandem zusammenstieß, dachte er: „Die werden bestimmt denken, ich wollte sie sexuell missbrauchen."

Bei all diesen Gedankengängen war er auf sich und seine Situation konzentriert und nicht auf das, was dem Herrn angenehm ist. Eine Vorgehensweise, die ich bei ihm anwandte, war das Studium von Römer 12,2: „Und passt euch nicht diesem Weltlauf an, sondern lasst euch verwandeln durch die Erneuerung eures Sinnes…" Sein „Sinn" bzw. sein Denken war von Menschenfurcht bestimmt und durchtränkt. Stattdessen war es nötig, sein Denken und Sinnen mit dem Wort Gottes zu füllen, um seine Gedanken auf Gott auszurichten und nicht auf Menschen. Es ist sehr wichtig, den Menschen zu helfen, sich eine richtige Auffassung von Gott anzueignen und sich auf Gott auszurichten.

Körperliche/genetische Faktoren und Depression

1. Haben Sie von dem Buch Sugar Blues *gehört? [7]Besteht zwischen Ernährung und Depression ein Zusammenhang?*

Ja, ich habe von diesem Buch gehört, aber es nicht gelesen. Ich kenne andere Bücher, die sich mit einer ähnlichen Thematik befassen. Ein Wissenschaftler namens Dr. Feingold hat viele Untersuchungen mit Lebensmittelfarbstoffen und ähnlichen Substanzen gemacht und untersucht, wie sie auf Menschen wirken. Ich bin der Meinung, dass verschiedene Substanzen auf einzelne Menschen unterschiedlich wirken. Da Zucker zum Beispiel bei einigen Menschen bestimmte

---

7   William Dufty; deutscher Titel: „Zucker Blues. Suchtstoff Zucker"

Drüsen anregt, erleben sie durch den Zucker gewisse „Glücksgefühle". Wenn man diese Gefühle immer wieder „füttert", kann das zu einer gewissen Zuckersucht führen. Ich habe einen Freund, der sehr empfindlich auf Koffein reagiert. Wenn er eine Tasse Kaffee trinkt, geht er stundenlang „die Wände hoch". Andererseits kenne ich Menschen, die tassenweise Kaffee trinken, sich ins Bett legen und ruhig und friedlich schlafen. Koffein wirkt auf einzelne Menschen ganz unterschiedlich.

Es ist also möglich, dass einige Menschen auf bestimmte Substanzen körperlich reagieren, andere jedoch gar nicht. Wenn Sie diesen Effekt durch bestimmte Substanzen und Nahrungsmittel bei sich selbst bemerkt haben, sollten Sie diese meiden.

2. Ist es falsch, Depression als eine psychische Krankheit anzusehen?

Ich sehe eine „echte" Depression im Sinne meiner Definition[8] nicht als eine psychische Krankheit an, da die Bibel dies auch nicht tut. Damit meine ich, dass die Bibel Depressionen oder ähnliche Probleme (z.B. Angstzustände) nirgends als ein körperliches Gebrechen bezeichnet. Eine psychische Krankheit ist eine Erkrankung des Gehirns – ein Tumor, ein Abszess, usw. Es ist etwas physiologisches. Jegliches Problem, das in seiner Natur nicht körperlich ist, dürfte meines Erachtens nicht als „Krankheit" bezeichnet werden.

3. Welche Belege werden derzeit für eine genetische Ursache von Depressionen angeführt?

Aktuell gibt es viele Auseinandersetzungen über diese Frage. So weit ich weiß, liegen bis jetzt keine wirklich überzeugenden Ergebnisse vor. Der Arzt Dr. Bob Smith erklärt, dass Ursache und Wirkung zweier Dinge oft willkürlich in Zusammenhang gebracht werden, obwohl es dafür keine Beweise gibt. Zum Beispiel will eine Studie herausgefunden haben, dass einige depressive Menschen ein bestimmtes körperliches Defizit haben, und dass dieses die Depression verursacht.

---

8   siehe Abschnitt „Eine notwendige Klarstellung" (ab S. 13)

Dr. Smith argumentiert gegen diese Denkweise. Er veranschaulicht es mit folgendem Vergleich: Jemand stellt verschiedene Untersuchungen an und stellt fest, dass alle Menschen, die im Jahr 1850 einige Möhren gegessen haben, jetzt tot sind. Schlussfolgernd kann also gesagt werden, dass das Essen der Möhren den Tod zur Folge hatte. Aber natürlich ist uns allen klar, dass die Tatsache, dass diese Menschen damals Möhren gegessen haben, rein gar nichts damit zu tun hat, dass sie heute tot sind. Dieses Beispiel mag wohl übertrieben sein – aber es verdeutlicht die beschränkte Denkweise, die bei solchen Studien häufig verbreitet ist. Die Tatsache, dass zwei Probleme zur gleichen Zeit da sind, muss nicht zwangsläufig bedeuten, dass sie auch im Zusammenhang miteinander stehen.

Um einen direkten Zusammenhang nachzuweisen, wäre es nötig, eine große Anzahl Menschen zu untersuchen, die einen bestimmten Gendefekt haben und gleichzeitig an Depressionen leiden. Außerdem müsste man sicherstellen, dass es keinerlei andere Faktoren innerhalb dieser Gruppe gibt, die ein Teil oder eine Ursache des Problems sein könnten. Mit anderen Worten: Es ist sehr schwer, diesen Zusammenhang sicher zu beweisen.

Ein Fallbeispiel dafür ist eine ähnliche Studie in La Jolla, Kalifornien. Man versuchte durch diese Studie eine genetische Grundlage für Homosexualität nachzuweisen. Wissenschaftler untersuchten die Gehirne von einer gewissen Anzahl von Verstorbenen und fanden heraus, dass bestimmte Bereiche der Gehirne der Homosexuellen kleiner waren als die gleichen Bereiche der Menschen, die nicht homosexuell waren. Die beteiligten Wissenschaftler selbst räumten ein, dass das Ergebnis hinsichtlich der Anwendung auf eine genetische Grundlage für Homosexualität nicht überzeugend sei. Aber die Medien führten gerade diese Studie als Beweis für eine genetische Veranlagung zur Homosexualität an.

Das Problem einer solchen Behauptung ist, dass alle diese Homosexuellen, die gestorben waren, AIDS hatten – aber wer weiß genau, wie sich AIDS auf das Gehirn auswirkt? Es wurde angenommen, dass, weil ein bestimmter Teil des Gehirns der homosexuellen Menschen kleiner war als der bei den anderen Probanden, dieses für die Homosexualität verantwortlich war. Damit sich

diese These bewahrheitet, wären allerdings zunächst einige andere
Dinge zu beweisen, nämlich dass diese Bereiche des Gehirns sich nicht
durch AIDS und auch nicht durch die praktizierte Homosexualität
zurückgebildet haben. Darüber hinaus stellten die Wissenschaftler
fest, dass einige der Gehirne der Nicht-Homosexuellen die gleichen
Eigenschaften aufwiesen wie die der Homosexuellen.

So müssen wir festhalten, dass diese Studie schließlich nicht
aussagekräftig ist. Und selbst wenn wir letzten Endes eine genetische
Ursache für Depression fänden, hieße das lediglich, dass Menschen
mit diesen Genen eine Neigung zur Depression haben, aber nicht,
dass sie ihre willenlosen und unwissenden Opfer sind.

**4. Sind physiologische Probleme überhaupt vererbbar? Gibt es
tatsächlich ein chemisches Ungleichgewicht bestimmter
Substanzen im Gehirn, das vererbbar ist?**

Das Schwierige an solch einer Diagnose ist in den meisten Fällen,
dass Wissenschaftler und Ärzte gerade diese Erklärung – ein
Ungleichgewicht bestimmter Substanzen – geliefert haben, weil sie
keine andere Erklärung geben können, die Leute aber nach einer
Erklärung verlangen. Wenn mir jemand erzählt, dass bei ihm ein
chemisches Ungleichgewicht oder etwas ähnliches festgestellt wurde,
frage ich nach, welche Art von Laboruntersuchungen gemacht
worden sind, die diese Diagnose rechtfertigen. In den meisten Fällen
wurden gar keine gemacht. Die Ärzte hatten einfach keine bessere
Erklärung für diese Problematik.

Selbst wenn ein Arzt irgendeinen chemischen Mangel oder ein
körperliches Problem feststellt, heißt das allein noch nicht, dass
geistliche und seelische Probleme eine Folge davon sind. Wie schon
erwähnt, ist die Tatsache, dass zwei Dinge gleichzeitig auftreten,
nicht zwangsläufig ein Beweis dafür, dass eines der beiden Ursache
für das andere ist; es heißt lediglich, dass beide gleichzeitig auftreten.
Es kann aber durchaus sein, wie es Dr. S. I. McMillen in seinem
Buch *None of These Disease* thematisiert, dass viele körperliche
Probleme erst durch geistliche und seelische Probleme entstehen. Im
Bilde gesprochen: Die geistlichen und seelischen Probleme könnten
eher die Ursache als die Wirkung des Problems sein.

5. Glauben Sie, dass ein körperlicher Defekt oder Mangel (sofern festgestellt), der eine Depression verursacht oder begünstigt, eine Folge des Fluchs sein könnte?

Erstes: Es wurde kein maßgeblicher Zusammenhang zwischen einem körperlichen Defizit und einer Depression festgestellt – und über die Beweise, die es gibt, wird unter den Wissenschaftlern viel gestritten. Aber nur mal angenommen, es fände sich so ein Beweis, so kann dieser trotzdem nie als eine Entschuldigung für sündiges Verhalten angeführt werden.

Es ist keine Sünde, traurig zu sein – Jesus selbst durchlebte sehr schwere Stunden im Garten Gethsemane und dennoch tat er dabei den Willen des Vaters. Das Problem an solchen Traurigkeiten ist, dass die Welt nach verschiedenen körperlichen Erklärungen für Depressionen sucht, um eine Entschuldigung für ihr sündiges Verhalten zu finden. Und doch erlaubt die Bibel ein solches Vorgehen nicht! Ganz gleich wie schlecht ich mich auch fühlen mag, kann ich immer noch im Willen Gottes leben. Ich muss mich nicht von meinen Gefühlen beherrschen lassen. Wenn ich schlimme Kopfschmerzen habe, liegt es nahe, giftig und gereizt zu sein. Aber die Bibel erlaubt es an keiner Stelle, diese Schmerzen als Entschuldigung für sündige Taten oder Gedanken anzuführen.

Letztendlich müssen wir sagen, dass es nichts zur Sache tut, ob je ein Zusammenhang zwischen Depressionen und unserem physischen Leib entdeckt wird oder nicht, weil dieser uns nie eine Entschuldigung für unsere Sünde bieten wird.

6. Sie haben erwähnt, dass bei einem geringen Anteil der Betroffenen auch eine körperliche Ursache für die massive Depression bestehen kann. Wie kann das festgestellt werden und was genau bedeutet das?

Erstens: Ich sage, dass lediglich bei einem Bruchteil der Fälle ein gesicherter körperlicher Zusammenhang zu der Gemütsstörung besteht. Wenn ich zum Beispiel an Diabetes leide und mein Blutzuckerspiegel entgleist, fühle ich mich sehr träge und habe einen starken Hang, mutlos zu werden. Dieses Problem des Blutzuckerspiegels kann durch einen einfachen Bluttest festgestellt werden. Aber noch einmal: Es entbindet mich nicht von der Verantwortung, im Gehorsam Gott gegenüber zu leben, weil ich mich gerade schlecht fühle.

Zweitens: Einige Ärzte (wir Dr. Bob Smith) fordern, dass wir eindeutigere Begriffe verwenden, um zwischen dem, wovon wir wissen, dass es körperlich bedingt ist und dem, was keine körperliche Ursache hat, besser zu unterscheiden. Wenn der Hormonhaushalt eines Menschen wegen einer nicht richtig funktionierenden Schilddrüse nicht in Ordnung ist, dann lautet die Diagnose nicht Depression – sondern „Schilddrüsenunterfunktion" oder etwas ähnliches.

7. Könnten Sie den Unterschied zwischen einer Störung und einer Krankheit in Bezug auf Depression erläutern? Und stimmen Sie zu, dass es bei einer Depression angemessen ist, von einem Symptom eines (geistlichen) Problems zu sprechen, jedoch in den wenigsten Fällen von einer Krankheit?

Erstens: Ich betrachte eine Depression nicht als eine Krankheit. Eine Krankheit ist gänzlich körperlich und in den meisten Fällen kann die betroffene Person nichts dafür, wenn der Körper an einer bestimmen Krankheit leidet. Ich denke nicht, dass die Bibel Depressionen in diesen Bereich einordnet, daher würde ich den Begriff „Krankheit" nicht in Verbindung mit Depression gebrauchen.

Zweitens: Ich würde auch nicht behaupten, dass die Depression das Symptom einer Krankheit sei. Wenn eine bestimmte Stimmung oder Laune durch ein körperliches Leiden hervorgerufen wird, dann muss es als ein Symptom oder eine Krankheit bezeichnet werden. Aber ich denke nicht, dass wir das als Depression bezeichnen sollten.

Die Dynamik der Depression

1. Die meisten, wenn nicht alle von Ihnen beschriebenen Menschen konzentrierten sich in erster Linie auf sich selbst. Müssen wir dann nicht letztendlich sagen, dass die Ursache der Depression die übermäßige Betonung des eigenen Ichs ist?

Ich denke, dass der Blick auf sich selbst sicherlich eines der Dinge ist, die einem niedergeschlagenen Menschen innewohnen. Meine Betrachtung über die Entwicklung der Depression in den vergangenen Kapiteln betont die Rolle, die das Mit-sich-selbst-beschäftigt-sein bei der Depressionen hat.

2. Kann man in eine massive Depression fallen, ohne sich dessen bewusst zu sein?

Ich halte es für möglich, dass man eine massive Depression erleiden kann, ohne dass dieser Zustand als solcher erkannt wird oder dass die Person selbst ihn so benennt. Aber man kann wohl kaum niedergeschlagen sein, ohne dass man gewisse Erfahrungen und Erlebnisse erleidet, die für eine Depression bezeichnend sind. Eine Person mag ihren Zustand nicht „Depression" nennen – sie kann es als etwas anderes bezeichnen –, aber wenn sie alle betrachteten Symptome einer Depression aufweist, dann ist es höchstwahrscheinlich eine Depression. Im Endeffekt kommt es nicht darauf an, welchen Namen wir der Sache geben, sondern was wir darunter verstehen und was wir dagegen tun.

3. Glauben Sie, dass eine Depression stufenweise voranschreitet? Was ist Ihre Sicht von der Entwicklung einer Depression?

Grundsätzlich meine ich, dass wir uns in dem, womit wir uns immerzu beschäftigen, steigern werden, sei es gut oder schlecht. Wenn jemand die Gewohnheit hat, Dingen nachzugehen, die Depressionen begünstigen, dann wird dieser Mensch zwangsläufig immer depressiver werden. Angenommen jemand leidet unter einer milden Depression, dann kann sich diese wegen eines falschen Umgangs mit derselben zu einer mäßigen Depression entwickeln. Wenn dieser Mensch es nun weiter versäumt, in richtiger Weise auf die Depression zu reagieren, kann es passieren, dass er massiv depressiv wird. Sprüche 17,14 erläutert dieses Prinzip hinsichtlich des Umgangs mit Unfrieden (oder Streit): „Einen Streit anfangen ist, als ob man Wasser entfesselt; darum lass ab vom Zank, ehe er heftig wird!" Mit anderen Worten: Der richtige Zeitpunkt, um ein Problem wie Streit zu lösen, ist, bevor das Problem überhaupt richtig angefangen hat.

Dasselbe gilt auch für die Depression. Die richtige Zeit, die

Depression zu ersticken, ist dann, wenn sie zu keimen beginnt. Wenn bei Menschen eine Depression einsetzt, verpassen sie es oft, das Problem im Keim zu ersticken. Stattdessen versuchen sie ihre Lebenslage in irgendeiner Form zu verändern: Sie fahren in den Urlaub, machen einen ausgiebigen Einkaufsbummel oder gehen auswärts essen. Machmal ziehen sie sogar um. Ihr Unwohlsein ist dann zeitweise behoben, aber sie haben das Problem nicht an der Wurzel gepackt. Wenn irgendetwas Unvorhergesehenes kommt, kommt die Depression wieder ans Tageslicht, weil das ursächliche Problem nie richtig gelöst worden ist.

Durch Dinge, die uns gefallen und denen wir gerne nachgehen, können wir uns unseren Problemen zeitweise entziehen, aber nach kurzer Zeit lässt die Wirkung dieser angenehmen Handlungen nach. Es ist wie mit einem Medikament, das jemand einnimmt, um einen chronischen Schmerz zu lindern. Eine Zeit lang wirkt es. Aber einmal kommt man an einen Punkt, wo der Schmerz so heftig wird, dass selbst das Schmerzmittel nicht mehr hilft. Menschen, die an Depressionen leiden, erleben derartige Dinge häufig.

4. Ist an dem Begriff der „saisonalen" Depression etwas dran? Also beispielsweise Schwermut im Winter oder wegen fehlenden Sonnenscheins?

Wenn Sie in diesem Fall Depression im Sinne einer Laune verstehen, dann gibt es durchaus einige Fachleute, die mit Ihnen einer Meinung sind. Wie dem auch sei, ich verstehe unter einer Depression weit mehr als nur eine Laune. Es ist die Art und Weise, wie ich auf andere Menschen wirke oder mich in verschiedenen Lebenslagen verhalte. Anders gesagt: Die Antwort auf eigene Gefühle. Es ist sicherlich wahr, dass wir alle mal ein Hoch oder Tief unserer Laune durchleben, was verschiedene Gründe haben mag, wie zum Beispiel das Essen am Abend zuvor, der fehlende Sonnenschein, das trübe Wetter oder eine Vielzahl anderer Umstände.

Es ist wahr, dass in Alaska, wo es lange Zeitabschnitte mit wenig oder keinem Sonnenlicht gibt, die Selbstmordrate während dieser Zeit höher ist. Daher ist es von diesem Standpunkt her gesehen richtig zu sagen, dass unsere Lebenslage und die Umstände unsere

Gefühle beeinflussen. Wie wir aber mit diesen Gefühlen umgehen und wie wir auf sie reagieren, ist unsere Verantwortung. Wir können unseren Gefühlen erlauben, uns zu beherrschen und einen unbiblischen Weg einzuschlagen, oder aber wir entscheiden uns dafür, Gott ungeachtet unserer Gefühle zu verherrlichen.

Die Rolle der Medikamente (Antidepressiva)

1. Welche Rolle spielen Antidepressiva (Medikamente gegen Depressionen) in der Seelsorge?

Da ich kein Arzt bin, kann ich keinerlei Medikamente verschreiben. Und doch bitten mich viele, die zu mir in die Seelsorge kommen, um ein Antidepressivum. In vielen Fällen liegt diesem Wunsch eine lange Geschichte von Versuchen und Misserfolgen zu Grunde. Eine Vielzahl von Medikamenten wurde in den verschiedensten Dosierungen ausprobiert – aber nichts hat wirklich geholfen.

Wenn Sie zu mir kommen, gilt meine Aufmerksamkeit nicht den Medikamenten. Ich beschränke mich darauf, Ihnen das Verständnis näher zu bringen, welche Probleme und Sachverhalte zu der Entwicklung einer Depression beitragen und damit zusammenhängen. Danach suchen wir nach Wegen, diese einzelnen Probleme zu lösen. Wenn Sie mich nach den eingenommenen Medikamenten fragen, dann rate ich, den Arzt zu Rate zu ziehen, ob man die Dosis verringern oder das Medikament ganz absetzen kann. Daraufhin setzen Sie dieses Medikament unter Beobachtung des Arztes ab.

2. Wie genau unterstützen Sie jemanden, der Antidepressiva einnimmt, damit aber aufhören möchte?

Zu diesem Zweck sollte der Seelsorger eine „Rote Liste" (medizinisches Nachschlagewerk) zur Hand haben, in der alle Nebenwirkungen, Entzugserscheinungen, usw. der Medikamente, die ein Betroffener einnimmt, aufgezeichnet sind. Ein Mensch, der bestimmte Medikamente absetzen will, sollte darauf hingewiesen werden, was er zu erwarten hat, wenn er die Dosis verringert oder das Medikament absetzt. Man muss ihm sagen, dass bei Änderung der Dosierung bestimmte Nebenwirkungen eintreten können oder auch nicht.

Auf jeden Fall ist es wichtig, dass er auf das, was passieren kann, vorbereitet ist. Aber wie schon vorher erwähnt, muss das Weglassen oder Reduzieren von Medikamenten ohnehin unter der Betreuung eines Arztes geschehen, damit er den Fortschritt dokumentieren kann, usw. Für die meisten Menschen, mit denen ich gearbeitet habe, war das kein großes Problem, weil sie gerade in diesem Punkt Christus vertrauen und ihr Problem biblisch lösen wollten.

Bei einer Frau, die ich vor einiger Zeit betreute, wurde eine manische Depression und zwanghaftes Verhalten diagnostiziert. Zu der Zeit, als wir mit der Seelsorge begannen, bekam sie ein Lithium-Präparat, wollte von diesem aber loskommen. Am Ende war sie darauf nicht mehr angewiesen, und das nicht, weil ich sie dazu anwies oder ihr dazu geraten hätte. Sie hat angefangen, auf biblische Art und Weise auf die Herausforderungen und den Stress des Lebens zu reagieren. Dann suchte sie ihren Arzt auf und bat ihn, ihr zu helfen, dieses Lithium-Präparat abzusetzen. Er warnte sie zwar davor, stimmte jedoch widerwillig zu. Sie kam ohne irgendwelche inneren Auswirkungen von dem Lithium los und hat es seitdem auch nicht mehr benötigt. Diese Dame besuchte Schulungen zur biblischen Seelsorge und hat sich nachher selbst in einem Zentrum für biblische Seelsorge eingesetzt. Es geht ihr heute sehr gut. Die Ärzte dagegen hatten ihr prophezeit, dass sie lebenslang auf das Lithium-Präparat angewiesen sein werde.

3. Wie kann man dieses Vorgehen Leuten nahe bringen, die Antidepressiva wie Lithium, Fluoxetin, usw. einnehmen?

Ich berate Menschen nach einem „Sieben-Bausteine-Verfahren", das in den Kapiteln 10 bis 16 des Buches *Introduction to Biblical Counseling* betrachtet wird. Ich werde dieses Verfahren jetzt nicht im Einzelnen erläutern, sondern lediglich einige Dinge hervorheben.

Zuerst rede ich mit den Betroffenen über ihre Haltung zur Autorität der Heiligen Schrift. Ich erkläre ihnen, dass Gott weit besser weiß, weshalb wir gewisse Probleme im Leben haben und wie wir damit fertig werden, als irgendjemand anders. Und ich frage die Leute, ob sie bereit sind, sich dem zu stellen, was die Bibel zu sagen hat. Wenn sie das bejahen, dann fahre ich mit ihnen gemeinsam fort, die Entwicklung und die Dynamik der Depression aus biblischer Sicht zu erarbeiten. Ich fordere sie heraus, sich selbst dazu zu verpflichten, ihre Probleme auf Gottes Art und Weise zu lösen.

Ich habe keinerlei medizinische Ausbildung. Und wenn nun jemand kommt und irgendwelche Medikamente einnimmt, wäre es gesetzwidrig, wenn ich eigenverantwortlich den Rat zur Einnahme oder zum Absetzen irgendwelcher Medikamente gäbe. Ich weise niemanden an, Medikamente einzunehmen, und auch nicht, damit aufzuhören. Manchmal schneide ich das Thema „Medikamente" gar nicht erst an, bis die Hilfe Suchenden selber darauf zu sprechen kommen, oder bis ich merke, dass einige der Symptome denen ähneln, die als Nebenwirkungen der eingenommenen Medikamente ausgewiesen werden. Ich lasse nicht zu, dass die Einnahme von Medikamenten zum Hauptthema der Seelsorge wird. Wenn einige Symptome möglicherweise Nebenwirkungen von Medikamenten sind, erdreiste ich mich nicht, Arzt zu spielen. Stattdessen schicke ich die Menschen zum Arzt, um das Problem durchzusprechen und ihn um Rat zu fragen. Und ehrlich gesagt, die meisten Menschen, die ich berate und die Medikamente einnehmen, wollen davon loskommen. Wenn sie mich danach fragen, rate ich ihnen, sich an den Arzt zu wenden, um die Dosis zu reduzieren oder gänzlich abzusetzen. In den meisten Fällen haben die Ärzte sehr gerne kooperiert, weil viele erkannt haben, dass Tabletten nicht die endgültige Antwort auf Depression sind.

Selbstmord und Depression

1. An einer Krankenpflegeschule wurde mir beigebracht, dass, wenn ein Mensch über Selbstmord oder Depression spricht, man diese Sache sehr ernst nehmen müsse, weil das entscheidend auf die Gefahr eines Selbstmordes hinweist. Gibt es angesichts dessen, was Sie lehren, auch andere Dinge, die bei dieser Thematik bedacht werden müssen?

Wenn jemand über das Begehen eines Selbstmordes spricht, sind wir gut beraten, das ernst zu nehmen. Es gibt die verschiedensten Gründe, aus denen die Menschen sagen, dass sie über Selbstmord nachdenken. Manche machen das vielleicht, um die Aufmerksamkeit anderer Leute zu bekommen und können sich nichts Ernsteres vorstellen, als mit Selbstmord zu drohen.

Aber wie unterscheidet man, ob jemand einem nur etwas vorspielt oder ob er oder sie es wirklich ernst mit dem Selbstmord meint? Ich für meinen Teil nehme grundsätzlich jeden ernst, der mit solchen Aussagen an mich herantritt. Es gab zum Beispiel Fälle, in denen eine Frau ihren Mann zu einer bestimmten Zeit zu Hause erwartete und dann kurz vor seinem Eintreffen eine Überdosis Medikamente einnahm, damit er sie in diesem Zustand, aber immer noch am Leben finden sollte. Sie versprach sich davon, dass er verstehen würde, wie unglücklich sie ist und einige Veränderungen im Leben vornehmem würde. Da ihr Ehemann auf dem Heimweg aber eine Autopanne hatte und erst sehr viel später nach Hause kam, war seine Frau bereits tot.

Ich habe Menschen betreut, die mehrere Selbstmordversuche hinter sich hatten, aber scheinbar nicht in der Lage waren, den Selbstmord wirklich durchzuziehen. Sie waren voller Selbstmitleid und wollten die ganze Aufmerksamkeit der anderen genießen. Ich nehme jede „Drohung" ernst, obwohl es eine Vielzahl von Dingen gibt, die mit einbezogen werden müssen, wenn wir mit solchen Leuten arbeiten – Gefühle, Verstand, Beweggründe, Verhalten, soziale Aspekte und die Vergangenheit der Person.

2. Was können die Gründe dafür sein, dass Selbstmord die zweithäufigste Todesursache unter Studenten ist?
Selbstmord ist eine häufige Todesursache in dieser Altersgruppe und ereignet sich meist in den Prüfungsphasen der Studenten. Selbstmord scheint häufiger als andere Dinge die Todesursache zu sein, weil die Studenten unter Druck stehen, sich auf der Universität zu behaupten und möglicherweise nicht die Ziele erreichen, die sie sich selbst gesteckt haben. In Prüfungsphasen schlafen viele Studenten extrem wenig und machen als Folge davon verschiedene verrückte Dinge. Hinzu kommt das Gefühl, dass es keinen richtigen Sinn im Leben gibt, was nicht verwunderlich ist, wenn man all die Dinge bedenkt, die in einer nicht-christlichen Schule gelehrt werden. Bei dem Existentialismus, Pessimismus, Negativismus und dem Fehlen

von absoluten Werten, die an diesen gottlosen Schulen dargeboten werden, bin ich sogar verwundert, dass nicht noch mehr ungläubige junge Menschen versuchen, sich das Leben zu nehmen. Getrennt von Jesus Christus ist das Leben leer und es ergibt überhaupt keinen Sinn, ohne ihn zu leben.

Theologie und Depression

1. Welche Unterschiede bestehen zwischen den Depressionen des Alten Testaments und denen, die uns im Neuen Testament beschrieben werden – die Entwicklung, usw.?
Ich glaube nicht, dass es da Unterschiede gibt. Wenn ich auch viele Beispiele aus dem Alten Testament entnommen habe, gibt es ebenso einige im Neuen: die Emmaus-Jünger, die Geschichte von Judas Iskariot und die Erfahrungen, die Paulus uns in 2. Korinther 4 mitteilt, sind hier zu erwähnen. Alle Eigenheiten der Depression sind im Grunde die gleichen wie die in der Bibel beschriebenen. Das Durchleben einer Depression der Gottesmänner und -frauen des Alten Testaments ist für uns genauso Vorbild und Beispiel wie die Beschreibung der Glaubenshelden aus Hebräer 11.

Meine persönliche theologische Überzeugung ist, dass man ohne Zutun des Heiligen Geistes weder errettet werden noch in der Heiligung wachsen kann. David betete in Psalm 51,13: „… und nimm deinen heiligen Geist nicht von mir". Es ist unmöglich, ohne den Heiligen Geist im Gehorsam Gott gegenüber zu leben. Zwar haben wir im Neuen Testament weit mehr Verständnis und Einblick in und über den Dienst des Heiligen Geistes, aber der Geist war und ist zu jeder Zeit notwendig für die Erlösung.

2. Sie haben angedeutet, dass es Satan unmöglich ist, Einfluss auf unser Gedankenleben zu nehmen. Wenn das wahr ist, wie kommt es dann, dass unsere Gedanken beim Bibellesen, Beten und sogar im Gottesdienst „auf Wanderschaft" gehen?
Offen gesagt: Ich brauche keine Hilfe vom Satan, damit mir das passiert. Die in mir wohnende Sünde ist sehr wohl im Stande, das selbst zu tun. Nein, ich glaube nicht, dass Satan mich zum Sündigen zwingen kann; aber die Bibel gibt uns den Hinweis, dass

wir auf unserem Weg zur himmlischen Heimat mit unserem „Alten Menschen" zu kämpfen haben werden – mit der in uns wohnenden Sünde, die über uns herrschen möchte.

Beim Studieren der Schrift merken wir, dass Paulus nie dem Satan die Schuld für Gedanken oder Taten eines Menschen gab. Er machte immer die Menschen selbst für ihre Handlungen verantwortlich. Er zeigte ihnen ihre Sünde und ermahnte sie zur Buße und zum Wandel im Gehorsam. In 1. Korinther 3,1-3 sagt er: „Und ich, meine Brüder, konnte nicht zu euch reden als zu geistlichen, sondern als zu fleischlichen Menschen, als zu Unmündigen in Christus. Milch habe ich euch zu trinken gegeben und nicht feste Speise; denn ihr konntet sie nicht vertragen, ja ihr könnt sie auch jetzt noch nicht vertragen, denn ihr seid noch fleischlich. Solange nämlich Eifersucht und Streit und Zwietracht unter euch sind, seid ihr da nicht fleischlich und wandelt nach Menschenweise?" Das Problem, das uns zum Sündigen bringt, ist unser Fleisch – der Überrest unserer alten Natur, das gewohnte Verhaltensmuster unseres alten Lebens – und nicht Satan.

3. Sie haben viel über das Lesen der Psalmen gesagt und darüber, dass die Schrift uns auffordert, für den persönlichen und gemeinschaftlichen Lobgesang Psalmen zu benutzen (Eph. 5,19 und Kol. 3,16). Meinen Sie, dass Christen darum bemüht sein sollten, die Psalmen mehr in die persönlichen Andachten und das Bibellesen einzubinden? Und stimmen Sie darin überein, dass das Lesen der Psalmen helfen kann, aus den „dunklen Stunden" herauszukommen?

Ich denke, das ist eine hervorragende Idee. Alle Schrift ist uns durch Gottes Eingebung gegeben und ist uns nützlich. Die Psalmen nehmen hier eine besondere Stellung ein, weil die meisten von ihnen zeigen, wie Menschen sich an Gott wenden. Und sie sind besonders lehrreich, weil sie hinsichtlich dessen anregend sind, was diese Menschen über Gott sagen.

Das Buch der Psalmen spiegelt die größte Sammlung von Erlebnissen und Erfahrungen des Lebens in der ganzen Bibel wider. Die Bandbreite der ehrlichen Gefühlsbeschreibung reicht vom Lobpreis und von der Anbetung Gottes bis hin zu der Tiefe der

Verzweiflung. Auf diesen Seiten werden wir Zeugen des Trostes, Zuspruchs und der Freude. Und die Lektion, die wir schließlich durch die Psalmen lernen, ist, dass wir Depression und Einsamkeit durch den Glauben an den lebendigen Gott überwinden können.

4. Inwiefern sollte man als Seelsorger die verschiedenen Theorien weltlichen Gedankenguts in die Seelsorge einfließen lassen?

Gar nicht! Ich benutze allein die Schrift, da das Wort Gottes die einzig hinreichende Quelle der Weisheit ist, um unserer Probleme Herr zu werden (auch wenn einige weltliche Theorien biblische Wahrheiten aufgreifen).

Ich habe nichts gegen wissenschaftliche Forschungen der Psychologie, die einfach darin bestehen, das Verhalten zu beobachten und aufzuzeichnen. Weltliche Wissenschaftler haben zum Beispiel Untersuchungen gemacht, um herauszufinden, was passiert, wenn Menschen zu wenig schlafen. Sie bemerkten, dass die allgemeine Denkleistung leidet, wenn Menschen ihres Schlafes beraubt werden. Das wiederum stärkt oder veranschaulicht das, was schon die Bibel sagt. Nämlich dass wir verantwortungsvoll mit unserem Körper umgehen sollen.

Meine Hauptquelle ist immer das Wort Gottes. Wenn ich darüber hinaus trotzdem die Erkenntnisse der säkularen Psychologie nutze, dann nur, um einfach zu zeigen, dass das, was wir von Gottes Wort her wissen, wahr ist, und nicht um die Wissenschaft als Quelle der Wahrheit darzustellen. Psychotherapie hingegen ist eine Art Seelsorge, und nicht Forschung. Sie ist nicht wissenschaftlich; wenn sie etwas ist, dann Theologie, in diesem Fall aber schlechte Theologie, weil sie sich nicht auf die Bibel gründet.

Kapitel 8
Zusätzliche Hinweise für Seelsorger

Es ist mein Wunsch, mit diesem Buch nicht nur denen zu helfen, die an Depressionen leiden, sondern darüber hinaus auch denen Hilfen anzubieten, die den Wunsch haben, diesen Menschen zu helfen. In diesem Kapitel habe ich einiges zusammengetragen, wie z.B. weitere Hinweise über hilfreiche Vorgehensweisen in der Seelsorge, wichtige Prinzipien, die bei der Seelsorge an depressiven Menschen zu beachten sind, und diverses Informationsmaterial, das der Hilfe suchenden Person als Hausaufgabe gegeben werden kann. Ein Hinweis für die Leser, die keine Seelsorger sind: Ich ermutige Sie, weiter zu lesen und an sich selbst Seelsorge zu üben, wie wir es im Leben Asaphs, Jeremias und Davids gesehen haben.

Wenn man niedergeschlagenen Menschen, die in die Seelsorge kommen, helfen will, ist es wichtig, Fragen zu stellen, um dreierlei Dinge herauszufinden. Das Erste ist die Entwicklungsstufe der Depression, in der sie stecken (mild, mäßig oder massiv). Das Zweite ist die spezielle Ursache, die hinter der Depression steckt, wie zum Beispiel unvergebene Schuld, unbiblischer Umgang mit Schwierigkeiten, unbiblische Wertvorstellungen und Erwartungen oder eine körperlich bedingte Angst. Und schließlich gilt es noch herauszufinden, was dieser Mensch bis jetzt gegen die Depression unternommen hat. Diese Informationen sind entscheidend, um das Problem der betroffenen Person richtig und angemessen anzupacken.

Es ist von Anfang an wichtig, das grundlegende Denkmuster einer depressiven Person herauszufinden. Niedergeschlagene Menschen sind häufig so stark in ihrem mentalen Schmerz verstrickt, dass sie praktisch bewegungsunfähig geworden sind, nicht mehr in der Lage, sich mit ihren Hauptproblemen auseinander zu setzen. Gewöhnlich sind sie so von ihren Problemen eingenommen, dass sie ständig darüber sprechen, aber nie etwas dagegen tun. Die Pflicht des Seelsorgers ist, sie immerzu an die Worte aus Sprüche 10,19 zu erinnern: „Wo viele Worte sind, da geht es ohne Sünde nicht ab; wer aber seine Lippen im Zaum hält, der ist klug." Das Durchspielen und das fortwährende „Aufwärmen" von Problemen führt einzig und allein zur Sünde und nicht zur Lösung.

An Depression leidende Menschen sind sehr gefühlsorientiert. Mit anderen Worten: Sie betrachten die Welt und ihre Leiden durch die unsachliche Brille der Gefühle (die das Erlebte in ihnen verursacht) – und erlauben diesen Gefühlen, über sie zu herrschen. Üblicherweise sind sie felsenfest davon überzeugt, dass ihre derzeitige Lebenslage einzigartig sei – niemandem auf der ganzen Welt gehe es so schlecht wie ihnen, niemand könne je die Tiefe ihrer Schwierigkeiten nachempfinden.

Im Gespräch mit der Hilfe suchenden Person sollte der Seelsorger zuallererst herausfinden, wie der Mensch sein Problem selbst darstellt. Anders gesagt: Wie sieht der Betroffene sein Problem? Welches Verständnis hat er davon? Wie fühlt er sich? Zum Beispiel: „Ich bin ständig müde. Ich weine viel. Ich bekomme nie etwas zu Stande und mein Freundeskreis kann das alles nicht nachempfinden." Diese Beschreibungen sind nach Auffassung des Betroffenen die Ursache der Probleme. Aber für den Seelsorger ist es wichtig, diese Dinge als das zu erkennen, was sie tatsächlich sind – die Auswirkungen. „Tiefes Wasser ist das Vorhaben im Herzen eines Mannes; ein verständiger Mann aber schöpft es aus." (Spr. 20,5)

Danach sollte der Seelsorger versuchen herauszufinden, wie das Problem praktisch aussieht. Mit anderen Worten: Welche konkreten Gedanken und Handlungen bringen diese Gefühle hervor? Zum Beispiel: „Haus und Grundstück pflege ich nicht mehr. Ich gehe auch nicht mehr großartig weg. Ich meide Gespräche und gemeinsame Treffen mit meinen Freunden." An solchen Aussagen kann der Seelsorger erkennen, dass die Gefühle deshalb nicht stimmen, weil das Verhalten nicht richtig ist (d.h., die Betroffenen tun nicht die Dinge, die sie tun sollten).

Der Seelsorger sollte nun versuchen, die Weichen zu finden, die den Hilfe Suchenden auf sein falsches Gleis geführt haben. Gibt es unbereinigte Sünde im Leben des Betroffenen? Verhält er sich unbiblisch in schwierigen Lebensumständen? Hegt er unbiblische Erwartungen, Wünsche, usw.? Seit wann bestehen diese Probleme? Welche Gewohnheiten veranlassen den Betroffenen, in bestimmter Art und Weise auf seine Probleme zu reagieren? Liegt es nahe, dass die Depression eher durch ein körperliches als durch ein geistliches Problem hervorgerufen worden ist? (Wie dann vorzugehen ist, betrachten wir in einem späteren Abschnitt dieses Kapitels.)

Im weiteren Verlauf muss der Seelsorger darauf achten, dass er sich des Menschen ganzheitlich annimmt – körperlich, persönlich, theologisch, im Hinblick auf ihren Verstand, auf ihre Beziehungen und ihre Motive. Die Hilfe suchende Person sollte sehr ermutigt werden, sich einen langfristigen Blick auf den vor ihr liegenden Weg aus der Depression anzueignen. Die notwendigen Veränderungen müssen als ein fortwährender Prozess betrachtet werden und nicht als eine schnelle Sofort-Lösung.

Gerade wegen der Schwere ihrer Leiden streben massiv depressive Menschen oft nach schnellen Erfolgen. Wenn diese aber vorerst ausbleiben, stehen sie in der Gefahr, aufzugeben. Sie verlieren schnell das Vertrauen auf den Herrn und auf die Kraft seines Wortes, weil sie unrealistische Erwartungen bezüglich dessen haben, was zum Überwinden der Depression dient. Und als Folge davon liebäugeln sie gegebenenfalls mit unbiblischen – und letztendlich unwirksamen – Methoden, um ihr Problem zu lösen. Genauso taten es die Israeliten: „Denn mein Volk hat eine zweifache Sünde begangen: Mich, die Quelle des lebendigen Wassers, haben sie verlassen, um sich Zisternen zu graben, löchrige Zisternen, die kein Wasser halten." (Jer. 2,13)

Die folgende Abbildung veranschaulicht die ganzheitliche Herangehensweise, die notwendig ist, wenn wir das Problem der Depression angehen. Die erste Abbildung zeigt die verschiedenen Lebensbereiche eines Menschen, die in irgendeiner Form im Zusammenhang mit dem Überwinden der Depression stehen.

Die ganzheitliche Sicht: Der ganze Mensch

Die zweite Abbildung zeigt den Grund dafür, dass im Kampf gegen die Depression allen einzelnen Lebensbereichen Aufmerksamkeit geschenkt werden sollte.

Innerpersönliche Zusammenhänge und Einflüsse

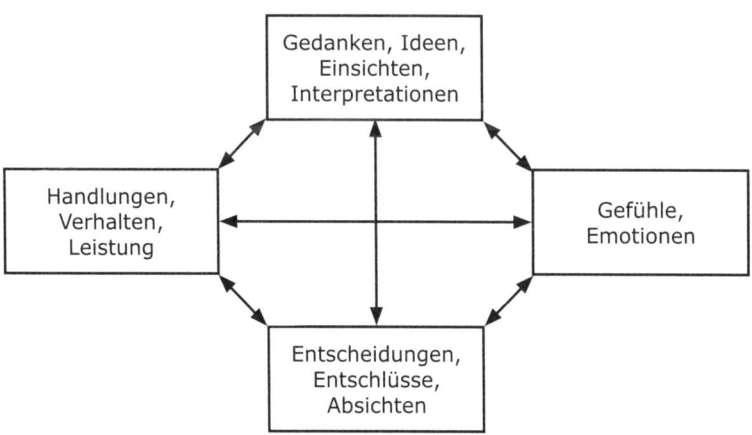

165

Der Grund ist, wie die Abbildung es verdeutlicht, dass jeder Bereich des Lebens in irgendeiner Weise von jedem anderen Bereich beeinflusst wird. Ich nenne diese Abbildung „Dynamik zwischenmenschlicher Einflüsse", denn genau auf diese will sie hinweisen. Der Zusammenhang aller Bereiche macht es notwendig, den Gehorsam gegenüber der Bibel als ein ganzheitliches Vorgehen zu betrachten und zu fördern. Das heißt: Um mit der Depression fertig zu werden, müssen wir alle wichtigen Lebensbereiche in Angriff nehmen, nicht nur einen einzelnen.

An dieser Stelle, nachdem wir die Wichtigkeit der ganzheitlichen Betrachtung im Umgang mit Depressionen betont haben, möchte ich einige Vorschläge und Anregungen geben, die helfen sollen, den ganzheitlichen Ansatz in der Seelsorge anzuwenden. Sie können auch einfach als Hausaufgabe von der Hilfe suchenden Person durchgearbeitet werden.

Hilfe für den Lebensbereich „Körper"

1. Wenn bei dem Betroffenen mehrere Anzeichen auf ein körperliches Problem hinweisen, sprechen Sie über die Notwendigkeit, einen Arzt aufzusuchen und sich einer gründlichen Untersuchung unterziehen zu lassen.

2. Schlagen Sie der Person eine geeignete Sportart und/oder sonstige Aktivitäten vor und ermutigen Sie sie, sich mit etwas Neuem zu beschäftigen.

3. Klären Sie die Essgewohnheiten ab und geben Sie der Person Hinweise zur Verbesserung der Ernährung oder schicken Sie den Betroffenen zu einer Ernährungsberatung.

4. Sprechen Sie mit dem Betroffenen über eventuelle Schlafstörungen und über die Wichtigkeit eines regelmäßigen, guten Schlafes. Erörtern Sie geeignete Entspannungs- und Atemübungen.

5. Informieren Sie den Betroffenen über Medikamente, Genussmittel (Kaffee, Tee) und andere Aufputsch- und Beruhigungsmittel, die einen körperlichen Einfluss ausüben könnten.

6. Ermutigen Sie die Person, bei jeglichen körperlichen Problemen (Krankheit, Schwäche, usw.) ärztliche Hilfe in Anspruch zu nehmen.

Hilfe für den Lebensbereich „Theologie"

1. Bieten Sie dem Betroffenen regelmäßige und angemessene biblische Unterweisung an.
2. Vermitteln Sie die biblische Sicht auf den Fortgang der Veränderung und die Wichtigkeit von Ausdauer und Durchhaltevermögen.
3. Machen Sie deutlich, dass Sie selbst zu mehr bereit sind, als sich nur die Probleme anzuhören und nette Worte auszutauschen. Vergewissern Sie sich, dass die Person verstanden hat, dass Gott Antworten für ihre Probleme bereit hält und dass Sie selbst bereit sind, dabei zu helfen und zu ermutigen, diese Antworten zu finden.
4. Untersuchen Sie das Gottesbild der Person und vermitteln Sie eine biblisch ausgewogene Sicht von Gott.
5. Helfen Sie dem Betroffenen, eine schriftliche Darstellung der biblischen Sicht auf Schwierigkeiten, Schmerz und Leid zu verfassen.
6. Helfen Sie dem Betroffenen auf sanfte und demütige Art und Weise, seine Lebensumstände und das Leid aus der Sicht der Bibel zu betrachten.
7. Packen Sie die Wurzel der Depression an, die Sie durch hinreichendes Forschen entdeckt haben. Helfen Sie dem Betroffenen, alles anhand der Schrift zu beurteilen: Gedanken, Überzeugungen, Werte, Deutungen und Wünsche. Erklären Sie ihm verständlich, wie seine eigenen Gedanken, Überzeugungen usw. der Schrift entgegenstehen und erklären Sie, wie das Denken verändert werden kann, um mit der Bibel in Einklang zu sein.
8. Eröffnen Sie der Person den Blick für Gottes Kraft, Weisheit, Gnade und Liebe ihr gegenüber.
9. Empfehlen Sie dem Betroffenen gute Literatur, die ihm hilft, sich ein solides biblisches Verständnis anzueignen.

Hilfe für den Lebensbereich „Denken und Verstehen"

1. Versuchen Sie die depressive Person durch gezielte Fragen dazu zu bringen, die eigenen Deutungen, Annahmen, Erwartungen und Überzeugungen zu beurteilen.

2. Benutzen Sie im Gespräch lebhafte Illustrationen (bildhaft und packend), um die Wahrheit verständlich zu vermitteln.

3. Erklären Sie dem Betroffenen, dass der Prozess der Veränderung Rückschläge und Entmutigungen mit sich bringen wird.

4. Decken Sie auf, wo die Person versucht, ihre eigene Schuld auf andere zu schieben, zu verharmlosen oder wo sie sich der eigenen Verantwortung entzieht; erklären Sie, dass dieses Verhalten die Depressionen begünstigen oder verursachen kann.

5. Helfen Sie den Betroffenen, aus früheren Erfahrungen (positiv wie negativ) Nutzen zu ziehen und daraus für die Gegenwart zu lernen.

6. Helfen Sie dem Betroffenen zu verstehen, dass die Gefühle mit unseren Gedanken, Überzeugungen, Werten, Deutungen, Wünschen und unserer persönlichen Bewertung unseres Verhaltens und der Lebensumstände zusammenhängen.

7. Bringen Sie dem Hilfe suchenden Menschen bei, mehr auf sich selbst einzureden, anstatt zu sehr auf sich selber zu hören. Bringen Sie ihm bei, sich selbst die richtigen Fragen zu stellen, um herauszufinden, wo er unbiblischen Annahmen, Überzeugungen und Selbstgesprächen verfallen ist. Bringen Sie ihm bei, diese Dinge zu erkennen und sie durch biblische Überzeugungen und Selbstgespräche zu ersetzen. Zum Beispiel: „Ich bekomme das eh' nicht hin!" kann ersetzt werden durch: „Ich weiß zwar überhaupt nicht wie, aber mit Gottes Hilfe kann ich das tun, was er von mir möchte!" „Ich bin so schlecht!" kann zu „Ich bin in Christus gerechtfertigt!" werden.

8. Bringen Sie dem Betroffenen die ABC-Sicht des Lebens bei: „**A**nfechtung **b**aut den **C**harakter".

9. Ermutigen Sie den Betroffenen, ein Tagebuch zu führen, worin er all seine Höhen und Tiefen – und was jeweils zu dieser Höhe oder zu diesem Tief geführt hat – aufschreiben kann.

10. Wenn die Person bereits mit anderen Seelsorgern gesprochen hat, schreiben Sie diese an (mit der Erlaubnis des Betroffenen) und fragen Sie die Seelsorger nach ihren Erfahrungen und Erkenntnissen über die Probleme der Person.

11. Lassen Sie die Person ein Tagebuch führen, in dem sie täglich folgende Fragen beantworten soll:

- Welche Ereignisse oder Umstände (z.B. Scheitern, Kritik, Gefahr, usw.) erlebe ich, die mich zurzeit unter Druck setzen?
- Was denke ich über diese Lebensumstände?
- Zu welcher Reaktion auf diese Umstände neige ich?
- Was wünsche ich, das ich nicht bekomme? Und was bekomme ich, das ich mir nicht wünsche? Welcher meiner Wünsche behindert mich gerade?
- Was ist Gottes Sicht – die Wahrheit – über meine Situation? Was sind seine Versprechen, Anweisungen, Ermahnungen, die für mich zutreffen? Wie will Gott, dass ich über meine derzeitige Lage denke? Welche biblischen Wahrheiten sprechen in meine Situation hinein?
- Welche Wünsche sollte ich nach Gottes Ermessen haben? Wonach sollte ich mich am meisten sehnen? Will Gott, dass ich mich so sehr um diese Lebenslage sorge? Welche Wünsche oder Beweggründe treiben mich zurzeit an und beherrschen mich?
- Welche Taten und Worte würden Gott gefallen?
- Auf welchem Weg werde ich den aktuellen Versuchungen entfliehen?
- Für welche Gedanken, Wünsche, Taten und Worte entscheide ich mich heute?

12. Ermutigen Sie den Betroffenen, Bibelverse auswendig zu lernen, die die biblische Sicht über seine unbiblischen Gedanken, Wünsche, Handlungen, usw. aufzeigen, und über diese Verse nachzudenken.

Hilfe für den Lebensbereich „Beziehungen"

1. Ermutigen Sie den depressiven Menschen, Beziehungen zu guten, gottesfürchtigen Leuten aufzubauen, und unterstützen Sie ihn, wenn möglich, dabei!
2. Geben Sie dem Betroffenen geeignete Hilfsmittel (Vorträge, Bücher), die ihm dabei helfen können, Beziehungen nach Gottes Prinzipien aufzubauen.
3. Geben Sie ihm als Hausaufgabe auf, die „einander-Gebote" der Schrift zu studieren.
4. Lassen Sie die Person die Sprüche Salomos oder andere Abschnit-

te, die über zwischenmenschliche Beziehung reden, studieren, oder die Bibel zum Thema Nachfolge oder Freundschaft untersuchen.

5. Ermutigen Sie die betroffene Person, eine Art „Freundschaftsalbum" zu führen.

Hilfe für den Lebensbereich „Motivation"

1. Ermutigen Sie zu sinnvoller Beschäftigung, die den Betroffenen nicht überfordert und helfen Sie ihm, eigene Pläne zu erstellen (große Ziele in viele kleine Teilziele zerlegen).

2. Fordern Sie den Betroffenen auf freundliche und geeignete Art und Weise heraus, den von Gott verordneten Pflichten nachzukommen, indem Sie die Pflichten in kleine, lösbare Teilaufgaben zerlegen. Helfen Sie ihm, einen durchführbaren Plan für diese Pflichten zu erarbeiten.

3. Ermutigen Sie den Betroffenen, seine Hoffnung auf Gott zu setzen und nicht auf andere Menschen, Lebensumstände oder die eigenen Fähigkeiten.

4. Vermeiden Sie, die Gedanken der Ablehnung, Schuld, Hilflosigkeit usw. des Betroffenen herunter zu spielen, sonst fühlt er sich unverstanden und kommt sich bevormundet vor.

5. Helfen Sie ihm, sich den Schmerz einzugestehen und geduldig auf eine Veränderung im Leben zu warten. Vermitteln Sie, dass das hoffnungsvolle Warten nichts mit Nichtstun gemeinsam hat; vielmehr bedeutet es abhängig zu sein, erwartend, ausdauernd und gehorsam. Warnen Sie davor, nach schnellen Glücksgefühlen zu streben.

6. Lassen Sie die Person eine Liste von Vorteilen aufstellen, die aus einer Lebensveränderung hervorgehen würden, und eine andere mit all dem Elend und den Nachteilen, die bestehen bleiben, wenn sich nichts ändert. Danach sollte eine weitere Aufstellung gemacht werden, die alle biblischen Gründe dafür enthält, dass eine Veränderung tatsächlich stattfinden kann.

7. Ermutigen Sie zum Bibelstudium der Verheißungen Gottes, der Hoffnung, der Ziele Gottes – sowohl für unser Leben als auch für unsere Prüfungen und Leiden.

8. Lassen Sie den Betroffenen eine Verpflichtungserklärung verfassen, wo er sich dazu verpflichtet, ausdauernd an einer Veränderung zu arbeiten.

Vorschläge für hilfreiche Hausaufgaben für Menschen, deren Depression hauptsächlich durch unbereinigte Schuld verursacht wurde:

1. Studieren Sie die Bibel zum Thema „Buße".
2. Studieren Sie die Bibel zum Thema „Vergebung".
3. Betrachten Sie die Psalmen 32, 38 und 51.
4. Erstellen Sie eine Tabelle, in der Sie die Folgen der Sünde und die Vorteile des Gehorsams einander gegenüberstellen.
5. Lesen Sie die „Pilgerreise zur seligen Ewigkeit" von John Bunyan.

Hilfreiche Hinweise zum Verständnis und zur Erkennung von körperlichen Problemen und deren Zusammenhang mit der Depression

Wie in den vorangegangen Kapiteln kurz erwähnt, kann Niedergeschlagenheit in wenigen Fällen eher mit einem körperlichen oder organischen Problem in Zusammenhang stehen als mit einem geistlichen oder seelischen. Zum Beispiel kann eine depressive Stimmung durch körperlich bedingte Probleme wie Schlafmangel, Nebenwirkungen von Medikamenten, Vitaminmangel, falsche Ernährung, Stoffwechselerkrankungen (Diabetes, Epilepsie, Anämie, usw.) oder Drüsenerkrankungen (Schilddrüsenunterfunktion) begünstigt werden. Ich ermutige daher, zu lesen, was Dr. Robert Smith über die körperlich bedingte Komponente des Trübsinns und der Niedergeschlagenheit in dem Buch *The Christians Counselor's Medical Desk Reference* zu sagen hat. Ich bin selbst kein Arzt. Daher ermutige ich Sie, zu lesen und nachzuforschen, wie ich es tat, was Wissenschaftler wie Dr. Smith und andere Ärzte, die gottesfürchtige Seelsorger sind, über die körperliche Komponente mancher Trübsinnigkeit zu sagen haben. Ich empfehle auch ein Buch von Dr. S. I. McMillan mit dem Titel: *None of These Diseases*. Es befasst sich mit den körperlichen Leiden, die auf einen falschen Umgang mit den jeweiligen Schwierigkeiten im Leben zurückzuführen sind.

Wenn wir die Niedergeschlagenheit eines Menschen richtig einschätzen wollen, ist es wichtig, dass wir uns dieser Möglichkeit grundsätzlich bewusst sind und dass wir Fragen stellen, die helfen können, Symptome zu erkennen, die auf ein solches Problem hinweisen. Wenn wir eine körperliche Ursache vermuten, müssen wir die Person streng anweisen, sich einer gründlichen, medizinischen Untersuchung zu unterziehen. Der folgende Fragenkatalog ist das Ergebnis dessen, was ich von verschiedenen Ärzten zu diesem Thema gelesen und gehört habe. Ich muss erwähnen, dass die Bestätigung einer Frage lediglich einen Hinweis auf eine körperliche Ursache geben kann, aber noch keine endgültige Diagnose darstellt. Wenn tatsächlich eine körperliche Ursache durch einen Mediziner festgestellt wird, sollte das Problem mit seinem medizinischen Fachbegriff benannt werden und nicht „Depression" heißen.

Fragenkatalog für den Seelsorger:

1. Wurde die Denkfähigkeit der Person durch irgendein Ereignis beeinträchtigt?
2. Trat die Depression sehr plötzlich auf (Auftreten einer massiven Depression ohne vorangehende Anzeichen)?
3. Trat die Niedergeschlagenheit zu einer Zeit auf, als es im Leben der Person keine bedeutsamen, traumatischen Ereignisse gab? Hat die Person zu jener Zeit nicht gegen sich selbst gesetzte Maßstäbe verstoßen?
4. Gilt die Person im Allgemeinen als verhältnismäßig sicher, beständig, zuversichtlich, ausgeglichen und realistisch?
5. War die depressive Person immerzu darauf bedacht, die Schuld von sich zu schieben oder sucht sie immer nach Entschuldigungen?
6. Sind die körperlichen Beschwerden der Person vereinzelt, spezifisch und fortlaufend?
7. Hat die depressive Person in der Vergangenheit illusorische[9] körperliche Beschwerden gehabt?

---

9   d.h., nur in der Illusion bestehende, eingebildete Beschwerden (Anm. d. Red.)

8. Leidet die Person an Sinnesstörungen oder Halluzinationen?

9. Hat die Person extreme und unerklärliche Wahnvorstellungen, die nicht durch mangelnde Kommunikation und nicht durch Sinnestäuschungen hervorgerufen sind?

10. Befindet sich die betroffene Person schon im fortgeschrittenen Alter?

11. Verhält sich die depressive Person biblisch und ist sie darauf bedacht, in Gottesfurcht zu handeln und zu denken?

12. Nimmt die depressive Person Medikamente (verordnete, nicht verschreibungspflichtige oder illegale) ein, deren Nebenwirkung Depressionen sein können?

Fallbeispiel zur Diskussion und Anwendung

Ihr Freund Volker erzählt Ihnen, er sei ziemlich niedergeschlagen und depressiv. Sie selbst hatten bereits die Vermutung, dass irgendetwas nicht stimmt, aber jetzt kommt es ans Tageslicht. Volker ist 45 Jahre alt, verheiratet und hat drei Kinder. Seit dem erfolgreichen Abschluss seines Studiums ist er Lehrer an einer Schule und arbeitet bereits 23 Jahre in diesem Beruf. Er bezeichnet sich als Christ und besucht regelmäßig die Gottesdienste. In der Vergangenheit hat er sich in verschiedenen Bereichen der Gemeindearbeit eingesetzt – als Sänger im Chor, in der Arbeit unter Jungen, Leitung von Bibelstunden und im Diakonendienst. Zurzeit ist er in keinem bestimmten Arbeitsbereich der Gemeinde eingespannt.

Volker eröffnet Ihnen: „Ich bin echt fertig. Es ist wie das Gefühl einer großen Leere. Nichts scheint in irgendeiner Weise Bedeutung zu haben. Nahezu alles hat seine Wichtigkeit verloren... der Unterricht an der Schule, das Eheleben, der Dienst in der Gemeinde, die körperliche Gemeinschaft mit meiner Frau. Ich mache mir zwar noch Gedanken um die Kinder, aber selbst das ist irgendwie fade. Ich kann mich für rein gar nichts mehr in irgendeiner Weise beeindrucken oder motivieren lassen. Die meiste Zeit fühle ich mich miserabel. Ich kann mich nicht erinnern, wann es mir das letzte Mal richtig gut ging. Die Dinge, die für mich früher Tagesgeschäft waren, kriege ich heute nicht mehr hin. Manchmal frage ich mich, ob ich überhaupt noch weiterleben sollte. Warum dem Ganzen nicht ein Ende bereiten? Mir scheint, als würde nicht einmal mehr Gott sich um mich kümmern und als würde mich keiner ernsthaft vermissen, wenn ich weg wäre."

Fragen zur Diskussion:

1. Was meinen Sie, wie depressiv Volker ist (mild, mäßig, massiv) und warum sind Sie dieser Überzeugung?
2. Welche Fragen würden Sie Volker in Bezug auf seine Depression gerne stellen? Welche weiteren Informationen hätten Sie gerne?
3. Was könnte die eigentliche Ursache (oder die Ursachen) für Volkers Depression sein?
4. Welche Auswirkungen hat die Depression vermutlich auf Volkers Leben?
5. Welchen seelsorgerischen Rat würden Sie Volker für den Umgang mit seinem Problem geben?

Schluss

Ich schließe dieses Buch mit dem Gedicht einer guten Bekannten ab, die selbst eine lange Zeit im finsteren Tal der Depression zugebracht hat, jetzt aber eine neue, göttliche Sichtweise auf ihre Depressions-Erfahrung hat. Ich füge dieses Gedicht an, weil es nicht nur darstellt, wie eine niedergeschlagene Person in der Tiefe der Depression denkt und fühlt, sondern auch, weil es in einer schönen und aussagekräftigen Weise die Hoffnung und den Sieg beschreibt, die bleiben, wenn ein Mensch einen biblischen Blick auf die bedrückenden, unangenehmen und unerwünschten Lebensumstände entwickelt.

Und dann kam der Winter
von Joan Bob

Ich war nicht vorbereitet auf den Winter,
Der einen bis auf die Knochen auskühlt,
So dass man sich verzweifelt und allein gelassen fühlt.
Allein gelassen von allen außer Christus,
Meinem Felsen, meiner Stärke, meinem Schwert,
Meiner Hoffnung, meiner Freude, meinem Herrn.

Der Winter kam, die Gnade schien dahin;
Ich litt an Schnee, Eis und Hagel.
Gnadenlose Pein, die nie zu enden schien;
Ich sehnte mich nach sanftem, warmem Regen.

Die Winde schnitten mir die Seele wund,
Und allein Christus machte mich gesund.
Aber erst zu seiner Zeit, wie er mir gebot;
Ich wünschte und betete, ich wäre tot.

Erst Tage, dann Wochen und Jahre gingen ins Land;
Von den Wellen meiner eigenen Tränen wurde ich fast übermannt.
Gnadenlose Pein – ich fühlte sie stark wie nie;
Doch trotzdem: An seinen Füßen ich knie.

Meine Frage immer und immerzu war: Wieso?
„Der Liebe wegen", sagte er mir.
Ich schaue mich um und nun sehe ich:
Er formte, meißelte und bearbeitete mich!

Und sollt ich wieder fragen: Wieso?
Die Antwort wird lauten: „Der Liebe wegen!"
Heut' bin ich Zeuge des warmen Regens,
Welcher hinweg wäscht die Pein des Lebens.

Mögen die kommenden Winde noch so kalt sein.
Ich weiß es nun: Ich bin nie allein.
Ich traute ihm und sah ihn an,
Und durch den schmelzenden Schnee die Gnade kam.